U0053343

波蘭史

Poland

譜寫悲壯樂章的民族

洪茂雄——著

三民書局

再版說明

　　洪茂雄教授為享譽盛名的中東歐研究學者，在此研究領域中成就斐然，大作《波蘭史》為教授的心血結晶，是不可不讀的經典好書。

　　此次再版，為符合現代出版潮流，本書除了調整內文間距及字體編排外，也重新設計版式，讓讀者能夠輕鬆、舒適的閱讀本書。全新的封面設計，並增補 2010 年後波蘭國內外現況與大事年表，期望讀者能更瞭解波蘭的歷史時空，並擁有國際觀，以理解、應用於今日世界。

編輯部謹識

自 序

　　波蘭史是歐洲歷史不可或缺的一部分，換言之，欲瞭解歐洲史，也得要多少認識波蘭史的梗概。波蘭留給世人最深刻的印象莫過於：

　　其一，史家筆下稱波蘭係「悲劇性國家」，十八世紀末短短二十三年內遭三度瓜分，二次大戰期間，再度遭德、蘇入侵與占領，曾先後亡國一百餘年之久。波蘭之所以能夠復國，重新站起來，正顯示波蘭文化有其自強不息的生命力。

　　其二，波蘭人民絕大多數信仰天主教，儘管共黨極權統治近半個世紀，但宗教信仰的自主性並未因共產主義所揭櫫的無神論而受到動搖。1978 年 10 月，克拉科夫 (Kraków) 教區的伍伊蒂瓦（Karol Wojtyła，即若望保祿二世 Jan Paweł II，1920～2005）樞機主教獲選為天主教教宗，成為四百零三年以來，第一位波蘭籍入主梵蒂岡的精神領袖，不僅鼓舞了波蘭人民的自信心，也為爾後「團結工會」(Solidarność) 崛起，帶動社會主義國家和平演變一股銳不可擋的力量。

　　其三，1980 年格但斯克 (Gdańsk) 列寧造船廠離職電工瓦文薩 (Lech Wałęsa, 1943～)，原本是一位平凡工人，但憑藉其勇敢不屈服的個性，利用工人大罷工之際，掌握時機，登高一呼組織「團

結工會」，立即得到全國性的響應，不但很快匯集工農龐大力量，敢向握有絕對資源的波共挑戰；而且堅定不移，逼迫波共當局讓步，允許「團結工會」向法院合法登記為獨立工會，成為戰後社會主義國家中第一個合法的自由工會。其後，「團結工會」因發展迅速，會員劇增，威脅到波共政權的統治，乃被勒令禁止一切活動。「團結工會」雖在《軍管法》嚴厲箝制下，仍不屈不撓轉入地下活動，依舊形成來勢洶洶的反共力量。直到 1989 年 6 月，「團結工會」贏得波蘭戰後首次自由選舉，得以組織東歐第一個「非共化」政府，隨後引發骨牌效應，造成東歐劃時代的劇變。一位平凡的工人竟能寫下極不平凡的歷史，誠是共黨世界所罕見。

　　從上述歷史事件不難令人想到，一來波蘭的歷史發展與歐洲的演變緊密相連，若要瞭解普魯士、奧地利和俄國的崛起，就得認識波蘭如何在強鄰壓境下，絕地逢生，展現活力；二來波蘭籍天主教宗若望保祿二世在位二十六年 (1978～2005)，是近代梵蒂岡教廷任期最長的一位宗教領袖，他打破歷屆教宗鮮少遠行的慣例，走遍世界一百多個國家，宣揚基督精神，積極倡導和平人權普世價值，備受世人肯定；其中最扣人心弦的是他撼動共產主義牢不可破的神話，使蘇聯集團分崩離析；三來在東歐鐵幕築起四十年後，儘管共產黨控制森嚴，波蘭工人能勇敢站出來組織「團結工會」，向共黨極權挑戰，最終促成社會主義國家第一個「非共化」政府的誕生，改寫當代東歐歷史新頁。由此可見，波蘭史很值得一讀。

　　當 1960、1970 年代改革之風吹進捷克和匈牙利之際，作者旅

德求學期間，為觀察鐵幕國家的真面貌，曾隨德國學生旅行團一
窺究竟，留下極為深刻的印象。其間，也很想前往波蘭去體會這
個算是中東歐大國所面臨的經濟窘境，惟因得不到簽證而作罷。
直到 1989 年波蘭走向民主化之後，作者才有機會於 1991、1993、
1998、2000、2001 和 2004 年先後赴波蘭探訪，每次搭火車旅遊
時皆有不同的感受，深覺得這個天主教國家自由化以來，雖政局
的穩定性不甚理想，但總體看來進步神速，贏得歐洲友邦的嘉許，
致使 1999 年和 2004 年獲准加入北大西洋約組織 (NATO) 和歐洲
聯盟 (EU)。本書的寫作，算是數次波蘭行的激勵，適逢波蘭和平
演變二十週年，希望留下值得回味的見證。

　　本書共分十章，內容包括自然地理與民族起源、波蘭建國及
瓜分的經過、十九世紀波蘭的革命運動、復國、兩次大戰期間命
運的掙扎、共黨政權的建立及其統治困境、團結工會的崛起和共
黨政權的崩潰、後共產主義時期波蘭的新貌等。由於本書係三民
書局規劃出版的通俗國別史讀本之一，因此撰寫本書時，未考慮
學術著作所要求的嚴謹規範，而力求簡明流暢，盡量做到符合可
讀性。在此，必須指出，作者長年來蒙受眼疾之苦，即使閱讀相
關資料極為不便，但從不怠慢而放棄寫作機會。波蘭史縱橫面向
涵蓋範圍甚廣，千頭萬緒要整理出脈絡可循，深入淺出，頗費周
章。幸好，政治大學臺文所李佳瑩和世新大學中文系高鈺雯利用
課餘擔任助理，協助閱讀、整理、修改、補充、校正，一而再、
再而三，務求精確，避免疏漏，李、高兩位同學好學多問，積極
進取的精神可嘉，對本書的寫作過程幫助不少，功不可沒。另外，

　　正在華沙大學攻讀博士學位的陳音卉、涂政男兩位年輕學者，在功課繁忙時，受作者之託，藉旅居波蘭之便，代為蒐集一些重要人物資料，使本書撰寫素材增色有加。

　　而這本《波蘭史》得以在國內出版問世，歸功於三民書局劉振強董事長重視文化事業，獨具慧眼編印多冊的國別史，使國人開拓視野，增廣見聞，謹申表誠摯的謝忱。

　　此外，有必要一提者，本書內文中的地名和人名，波、英文混合使用，其用意乃保留波蘭語文的特色，而中文譯名則力求統一，特此附識。

洪茂雄

2010 年 1 月

於萬隆寓所

波蘭史
譜寫悲壯樂章的民族

目　次 | *Contents*

第 1 篇

波蘭民族起源與建國歷程

圖 1：波蘭地圖

第一章 | *Chapter 1*

自然地理與民族起源

第一節　自然地理概況

　　波蘭一詞源於斯拉夫語 Polanie，意思是居住在平原上的人，其位於波羅的海南岸，是中東歐❶國家中面積最大、人口最多的國家。歷史上波蘭也因位於西歐與俄國之間，且地形平坦、海岸線長、與多國接壤，極富戰略價值，加上無險要地形可守，導致多次被列強瓜分。地勢北低、南高、中下凹，絕大部分地區位於中歐平原，僅南部山丘起伏，有喀爾巴阡山脈和蘇臺德山脈 (Sudetes Mountains) 等，最高點海拔兩千四百九十九公尺，陸地平均海拔一百七十三公尺，海岸線長五百二十八公里。波蘭東部、

---

❶ 中東歐包括波蘭、捷克、斯洛伐克、匈牙利、羅馬尼亞及保加利亞等國。地形方面包括中歐平原、多瑙河谷平原及其平原區域間的高原和山地。

東北部及東南部依序與俄羅斯、立陶宛、白俄羅斯、烏克蘭接壤，南與斯洛伐克及捷克為鄰，西與德國毗連，面積為三十一萬兩千六百八十五平方公里。波蘭的領土在十二世紀時漸漸向東擴張，最盛時期曾將立陶宛、白俄羅斯和烏克蘭等三國納入其版圖之中，現今的面積與 1939 年相比約減少五分之一。

　　波蘭為一過渡地區，兩大主要河流為維斯瓦河（又名維斯杜拉河 Vistula River）與奧得河 (Oder River)，還有因冰蝕作用形成的九千三百多個湖泊，大部分集中在北部，最大湖泊為希尼亞爾德維湖。境內最長的維斯瓦河貫穿南北，全長約一千公里。此河以西之地，社會型態與文化發展頗似中歐；此河以東，又具有極濃厚的東歐色彩。歷史上波蘭國界屢受外力改變，即受此過渡地區的影響。

　　波蘭的氣候亦為一過渡氣候，屬海洋性向大陸性氣候過渡的溫帶闊葉林氣候，冬季各地均冷，1 月均溫華沙 (Warszawa) 為攝氏零下三度，波茲南 (Poznań) 零下二度，樂斯拉夫 (Wrocław) 零下一度；夏季各地甚熱，華沙、波茲南及樂斯拉夫 7 月均溫均為攝氏十九度。波蘭夏季多雨、冬季有雪，年雨量介於五百至六百公釐之間，適宜發展農業及牧業。

一、地理概況

　　全國依地形可再分為五區：沿海低地、北部平原、中部臺地、西里西亞煤田區及南部山地。各區域地理特徵分述如下：

㈠沿海低地

波羅的海沿岸低地，由沙洲與潟湖構成，潟湖的後方有甚厚的冰磧層，形成低丘，其上生長茂密的針葉林，砍伐的木材即由港口向外輸出。本區有三個重要港口，西北為斯德丁 (Stettin)，2020 年人口約四十萬七千餘人，位於奧得河口，此河口的外方有一廣大的潟湖；再向外，有數個大沙洲把潟湖與波羅的海隔開。斯德丁為西里西亞所產的煤礦次要輸出港，市區內有造船業、水泥業、釀酒業及製糖業等。北為格丁尼亞 (Gdynia) 及格但斯克

圖 2：格但斯克河畔　自漢薩同盟時代以來，格但斯克始終是波羅的海沿岸地區一個重要的航運與貿易中心，雖然在歷次的戰亂中幾度衰落，但之後都能夠利用其區位優勢，恢復過去的繁榮。格但斯克在歐洲政治、軍事與外交史上，占有相當重要的地位，一直是德意志和波蘭兩大民族爭奪的主要地區，二次戰後才變成一個道地的波蘭城市，該地亦是團結工會的發祥地。

(Gdańsk) 兩大港口，這兩個港口都在但澤灣 (Bay of Danzig) 的西岸。格丁尼亞在格但斯克的北方，相距約二十公里，為西里西亞所產的煤礦主要輸出港。格但斯克舊名但澤 (Danzig)，位於維斯瓦河口，是波蘭北部最大的都市，有規模極大的造船廠、石油化工、 機械和食品加工工業中心，擁有兩個海港，2020 年人口約四十六萬一千人。近年來，格但斯克已與索波特 (Sopot)、格丁尼亞兩市聯合形成龐大的港口城市，成為一個三聯市。

(二)北部平原

由沿海低地區向南，直至羅茲 (Łódź) 附近，為一廣大的平原區，此區地勢與北德平原相同，因冰河時代的冰河行進路徑而形成東西向的河谷。最重要的運河線有二，在北線內有彼得哥什 (Bydgoszcz) 及比亞韋斯托克 (Białystok) 兩都市；在南線內有波茲南及華沙兩都市。

圖 3：華沙的象徵──美人魚　雕像位於華沙舊城區。相傳曾有一位國王來到維斯瓦河畔一座風景秀麗的村落，突然有一條美人魚從河裡跳出，為國王唱了一首優美動聽的歌曲。國王立即愛上了這個地方，決定在這裡建都，並以在附近嬉戲的兩個小孩子之名──"Wars"、"Sawa"，作為這個地方的名稱，即「華沙」之名的由來。

　　河谷內沖積土甚肥沃，產黑麥、馬鈴薯、甜菜、小麥等。首都華沙位於維斯瓦河中游之左岸階地上，可避水患。由於位置適中、交通便利而發展迅速，至 1938 年，人口已達一百二十六萬，戰後一度減為五十萬，2020 年則為一百七十萬二千餘人，尤以棉織業及金屬工業特為興盛。羅茲位處華沙西南方，位於北部平原與中部臺地之漸移地帶，2020 年人口為七十六萬人，為波蘭第二大都市，且為波蘭最大之紡織工業都市。

㈢中部臺地

　　本區寬約兩百公里，高約三百至五百公尺，大致與喀爾巴阡山脈平行。下部為白堊紀石灰岩層，其上有黃土覆蓋，甚為肥沃，產小麥、黑麥、甜菜及馬鈴薯。

　　此區主要都市克拉科夫 (Kraków) 在維斯瓦河上游，2020 年人口約七十五萬五千餘人，為南部大工業都市，主要工業為機械、紡織及釀酒業，此市位置重要，可控制捷克摩拉維亞 (Moravia) 走廊的北口。

㈣西里西亞煤田區

　　本區在中部臺地區之內，屬於奧得河流域。由於產煤豐富，自成一工業區，這是歐洲大煤田區之一，並為波蘭人口密集區之一。本區除產豐富之煙煤外，尚產鋅、鉛及石油，工業亦有大規模發展，許多工業城市集中在此，形成工業都市群，其中最主要為卡托維茲 (Katowice)，並為本區鐵路中心，此區所產之煤，每年有大宗輸出，供給俄國、芬蘭、瑞典、丹麥、法國等國需求。

圖4：塔特拉山脈　山脈所形成的起伏山谷，提供各種不同難度與時間
長短的登山步道，也是當地冬季最佳滑雪勝地。由於山區特殊的喀斯特
(Karst) 地形，共有四千多個鐘乳石洞。

㈤南部山地

　　波蘭境內山地面積甚小。蘇臺德山脈、喀爾巴阡山脈雖然都
很高大，但因有許多山口可以通過，往來尚非太難，且山地北部
河流下注，可以發展水電。波蘭與斯洛伐克之間的塔特拉山脈
(Tatra Mountains)，高度有兩千多公尺，景色壯麗，頗似阿爾卑斯
山，為旅遊勝地。

二、人文概況

㈠人口分布、語言與宗教

波蘭全國人口三千八百四十六萬餘人（2020 年），人口密度每平方公里一百二十二人，人口分布最密的地區為西里西亞平原及西里西亞煤田區。二次大戰以前，波蘭是一個多民族國家，尚包括日耳曼、烏克蘭及猶太等民族居住，並且為世界上最大的猶太人聚居地之一，人數多達三百萬。但在二次大戰中，波蘭人口的五分之一，約六百萬人，包括幾乎全部的猶太人在納粹占領期間被殺害，以及戰前戰後的移民潮皆使波蘭漸漸成為一個單一種族國家，其中波蘭族占 96.7%，以波蘭語為他們的母語；主要少數民族依次為德意志族、分布在北方各區域的烏克蘭族、白俄羅斯族、俄羅斯族、立陶宛族、猶太族等，而因為屠殺的關係，猶太社區數量減少許多，幾乎完全波蘭化；另外在波蘭西南部的西里西亞有一個重要的人口群體，祖先是波蘭人和普魯士人的混血，他們根據政治環境隨時準備宣稱自己是波蘭人或德國人。

在近兩百年來的大部分時間，移居國外是波蘭人生活的持久性特徵，約三個波蘭人中就有一個旅居國外。自從十八世紀中葉以來，政治流亡者離開波蘭可謂多如牛毛，但是現今大多數人的移居是出自於經濟目的，自十九世紀中葉起，波蘭移民先是遷徙到歐洲新的工業地區，後來則去了美洲。

波蘭語連同捷克語、斯洛伐克語、索布語 (Sorbian)、德語 (Wendisch) 或盧薩蒂亞語 (Lusatian) 屬於西斯拉夫諸語族，有別

於東斯拉夫語族的俄羅斯語與盧森尼亞語 (Ruthenian) 以及南斯拉夫語族。

直到今日，波蘭仍是歐洲少數對天主教相當虔誠的國家，境內大小教堂林立，宗教氣氛濃厚，每週上教堂望彌撒是大多數居民重要的生活內容。占 95% 的波蘭人信仰天主教，許多人從事天主教事務活動，其中有 75% 依然忠實虔誠的遵守天主教習俗，特別是尊崇聖母瑪麗亞。雖然歷史上曾征服波蘭的普魯士（路德教會）和俄國（東正教）都企圖壓制天主教，但反而堅定了波蘭人對天主教的信念。

波蘭也有兩個新教大本營，一是在馬蘇里亞（Mazury，即前東普魯士的馬祖里） 的波蘭路德教會 ， 一是在西里西亞的切申 (Cieszyn) 的波蘭喀爾文教會。另外還有一個獨立的波蘭東正教教會，與白俄羅斯少數民族和烏克蘭東儀天主教會社團有部分聯繫，後者位在東南部區域內。波蘭還殘留有波蘭猶太人社團，他們的猶太會堂和宗教活動受到共黨政府的正式批准，波蘭境內其餘的 5% 人口屬於東正教或者基督新教。

㈡產業發展

波蘭可耕地共兩千萬公頃，約占全國面積三分之二；農業用地面積約占全國面積二分之一；果園區及蔬菜區約占 1%。2004 年加入歐盟時，波蘭全國穀物總產量達兩千九百萬噸，居歐盟第三位，僅次於法、德。主要作物為黑麥，其次為小麥及馬鈴薯，此外尚產亞麻、大麻及煙草。波蘭黑麥產量居世界之冠，主要產地在波蘭西部。畜牧業在 1970～1975 年發展較快，後因農業歉

收、飼料不足，使牲畜頭數有所下降，目前已有回升。

　　波蘭全國面積有 20% 為林地，伐木業甚盛，大部分木材來自針葉林，主要針葉林分布於波蘭南部之喀爾巴阡山地及北部平原之冰磧層。波蘭北部濱波羅的海，有小規模漁業，主要魚類為鱈魚，主要漁港為格丁尼亞。

　　主要礦產有煤、硫磺、銅、鋅、鉛、鋁、銀等。琥珀儲量豐富，價值約近千億美元，是世界琥珀生產大國，有幾百年開採琥珀的歷史。波蘭最重要的礦產為煤，主要產地為西里西亞煤田區，其次為樂斯拉夫西南方之札克勒 (Zacler)。二次大戰前波蘭產石油最豐富之地為卓和比治－布利斯拉夫 (Drohobycz-Boryslaw)，戰後此地已併入烏克蘭領土，現在產石油之地在塔爾努夫 (Tarnów)東南方的雅斯洛 (Jasło)，年產量約二十萬噸。

　　波蘭主要工業為汽車業、鋼鐵業、造船業、家具業及化工業，工業界所需要的原料大部分依賴進口，紡織工業所需要的原料亦依賴進口，羅茲是波蘭最大的紡織工業都市，位於波蘭中部，交通方便，商業甚盛；造船工業集中在格但斯克、格丁尼亞及斯德丁三地。

第二節　古代波蘭

　　波蘭起源於平原上的西斯拉夫人部落聯盟。六世紀開始，出現封建制；八世紀時，維斯拉人在南部最先組成國家，稍後，波蘭人也在北部組成國家；九世紀中葉前期，各部落開始出現地區

性的聯合；九世紀後半期，以一個城市為中心把整個波蘭地區聯合起來，形成了「部落聯盟」或「部落公國」，波蘭地區出現兩個較大的公國——在小波蘭的維斯拉公國與在大波蘭的波蘭公國。小波蘭居住著屬斯拉夫族分支的維斯拉人，此區起初相當仰賴波希米亞 (Bohemia) 的保護，但維斯拉公國在九世紀七〇年代被大摩拉維亞公國 (Great Moravia, 830～905) 所滅 ；波蘭公國成為後來波蘭國的核心。十世紀後半期，波蘭公國統一其他各部，建立波蘭國。

　　波蘭古史的中心，最初是在西部地方，稱為「大波蘭」，當時的首都是格涅茲諾 (Gniezno)，在 1320 年以前，國王均在此加冕。而後國家重心轉移到南部的「小波蘭」，首都遷到克拉科夫，一直到 1595 年，波蘭的首都才遷到現在的華沙。波蘭建國時的歐洲，正好是查理曼帝國分為三部分之後，此時法國正遭受來自維京人 (Vikings) 的騷擾 ，英國的阿爾弗來德 (Alfred) 正準備抵禦丹人 (Danes) 來犯，而捷克的大摩拉維亞公國即將建立。另一方面，來自北歐的瓦倫吉安人 (Varangian) 在現今俄國境內正沿著 「大水道」南下，建立俄國第一個王朝，而近東伊斯蘭教勢力亦正在攻擊拜占庭帝國。

　　波蘭史上的第一個王朝稱為皮雅斯特王朝 （Piast Dynasty，約 840～1370），約持續五百年。傳說中這個王朝的創建者是一個名為皮雅斯特 (Piast) 的農夫，他出身卑微，但是他將各個部落統一，於 840 年左右建立了國家之雛形，但波蘭真正可信歷史是始於 966 年。九世紀下半葉，格涅茲諾的波佩爾 (Popiel) 親王逝世

時，接替他的便是親王家的農夫皮
雅斯特的兒子謝莫維特
(Siemowit)，從而建立起統治波蘭國
土直到 1370 年的王朝。一直到了十
七世紀此王朝才被稱為皮雅斯特，
並由皮雅斯特家族的第四個親王梅
什科一世 （Mieszko I， 約 935～
992，約 960～992 在位） 建立早期
封建國家。

圖 5：梅什科一世

一、梅什科一世

約 963 年，梅什科一世統治著大波蘭地區。965 年，梅什科
一世娶捷克大公波列斯拉夫一世 (Boleslav I) 的女兒杜布拉娃
(Dobrawa)，當時捷克已按拉丁儀式接受天主教。966 年，梅什科
一世率領宮廷人員接受來自捷克的神職人員洗禮。968 年，在波
茲南建立了主教區，而後全國各地陸續接受天主教信仰，波蘭從
此進入基督文明世界。967 至 990 年間，梅什科一世由南北進，
放棄爭奪波希米亞而將波蘭領土擴展到加里西亞，並通過併吞波
美拉尼亞 (Pomerania) 而推進到波羅的海。988 年，基輔大公弗拉
基米爾 (Vladimir I of Kiev) 與拜占庭也按希臘儀式接受基督教。
從此天主教的波蘭和捷克，與來自東方之君士坦丁堡東正教
(Orthodox Church) 的俄羅斯分道揚鑣，分別隸屬於歐洲兩大文化
圈──拉丁文化圈和拜占庭文化圈。989 至 992 年波蘭的領土到

達了西里西亞和小波蘭。

　　梅什科一世之所以接受天主教的原因，是因為當時波蘭常受西方的日耳曼諸侯侵擾，他決定和羅馬教廷直接接觸，以期獲得教廷的支援，抵制日耳曼人把波蘭併入神聖羅馬帝國的手段。梅什科一世原指望依靠與波希米亞的同盟關係來抵抗神聖羅馬帝國皇帝奧托一世 (Otto I) 可能的威脅，但在 963 年他被迫臣服於奧托一世。973 年，梅什科一世在被皇帝奧托二世 (Otto II) 打敗後再次宣誓效忠於皇帝。981 年梅什科一世在與基輔大公弗拉基米爾的戰爭中失去了一部分領土。986 年奧托二世去世後，梅什科一世以新的神聖羅馬帝國皇帝奧托三世 (Otto III) 為結盟對象。992 年，梅什科一世在自己即將去世前，於一份文件中將波蘭置於教宗保護之下。梅什科一世過世後傳位給其子波列斯瓦夫一世（Bolesław I，約 967～1025，992～1025 在位）。

二、波列斯瓦夫一世

　　波列斯瓦夫一世在位時擴張波蘭領土，使波蘭成為歐洲的主要國家之一。他於 992 年繼承大波蘭公國領地，994 年征服波美拉尼亞，佔領克拉科夫。他擺脫日耳曼基督教會的控制，使波蘭教會獨立發展。1002 年神聖羅馬帝國皇帝奧托三世死後，他奪取盧薩蒂亞 (Lusatia)、米希尼亞 (Misnia) 和波希米亞，因而與神聖羅馬帝國亨利二世（Henry II，德意志巴伐利亞公爵，1014 年加冕為神聖羅馬帝國皇帝）發生三次戰爭，1018 年簽訂《鮑岑條約》(*Treaty of Bautzen*)，波列斯瓦夫一世占有盧薩蒂亞和米希尼亞，

波希米亞則讓給亨利二世，此後他
仍繼續推行擴張政策。1025 年波列
斯瓦夫一世由格涅茲諾大主教加冕
為國王。

圖 6：波列斯瓦夫一世

㈠登上王位背景

　　波列斯瓦夫一世繼承王位之
前，是扮演他父親政治聯姻政策中
的一個重要角色，984 年國王梅什
科一世促成波列斯瓦夫一世與邁森
伯爵里克達格之女的婚姻，但波希米亞公爵波列斯拉夫二世把邁
森視為自己的勢力範圍，同時從巴伐利亞公爵亨利二世獲得占據
邁森城堡的權利，使得梅什科一世想利用聯姻擴張勢力的計畫落
空，因此解除波列斯瓦夫一世的婚約，另外與匈牙利利阿爾帕德王
朝國王的女兒結婚，企圖藉此包圍波希米亞，不過當時匈牙利對
波希米亞沒有採取軍事行動的計畫，所以他又於 987 年取消婚
約，與一名勢力強大的塞爾維亞貴族女兒結婚，於是，神聖羅馬
帝國的東部邊界進入波蘭擴張的範圍之內。

㈡與奧托三世建立和睦關係

　　波列斯瓦夫一世繼任王位後，開始擴張波蘭的疆域。他聯合
神聖羅馬帝國皇帝奧托三世，向非信奉基督教的斯拉夫人宣戰，
另外還將勢力擴張到住在易北河流域的斯拉夫人中，小波蘭正式
歸入王朝版圖。994 年波列斯瓦夫一世征服波美拉尼亞，999 年又
占領西里西亞、摩拉維亞和斯洛伐克，與此同時，波希米亞在此

地區的勢力逐漸變弱。

波列斯瓦夫一世此時在教會也很活躍，997 年他將深受教友愛戴卻不幸被殺害的傳教士——布拉格的阿達爾貝特 (Adalbert of Prague) 遺體遷往格涅茲諾，許多人因此到格涅茲諾來朝聖。波列斯瓦夫一世積極計畫將格涅茲諾變成一個大主教駐地，來取代之前的教區主教駐地波茲南。

1000 年，奧托三世親自到格涅茲諾朝聖，並簽署《格涅茲諾法令》，波蘭歷史學家認為，這個法令的簽訂將波列斯瓦夫一世提升為波蘭國王。但是這個說法並沒有被證實，因為當時並沒有特別記載。不過可以肯定奧托三世提高了波蘭君主的地位，至少給予波列斯瓦夫一世國王才能行使的權利，譬如設立主教，並將格涅茲諾定為大主教總教區，且科沃布熱格、克拉科夫和弗羅茨瓦夫的主教均受該大主教領導，波茲南則繼續保持其獨立性。此外，奧托三世的一個姪女還與波列斯瓦夫一世的兒子訂婚。

㈢與亨利二世交惡引發戰爭

1002 年神聖羅馬帝國皇帝奧托三世逝世，邁森伯爵參加競爭王位，卻被對手謀殺。波列斯瓦夫一世在邁森派系支持者贊同的情況下，決定將自己的疆域向盧薩蒂亞和邁森擴張，並控制當地並非信仰基督教的人。同年 7 月，波列斯瓦夫一世在梅澤堡與新當選的德意志國王亨利二世會晤，討論邁森未來的問題。但是波列斯瓦夫一世在梅澤堡遭到襲擊，倖免於難，遭遇襲擊的原因不明，波列斯瓦夫一世與亨利二世因此交惡。數月後邁森伯爵的兒子與波列斯瓦夫一世的女兒結婚，1003 年 3 月，波列斯瓦夫一世

接管波希米亞，並建立反亨利聯盟，包括波蘭、波希米亞、邁森和施韋因富特伯爵，他的妹夫丹麥國王斯萬一世也參與其中，但是計畫並沒有成功。

　　1003 年的復活節，亨利二世與斯拉夫地區的非基督徒聯合，隨後與反亨利聯盟開戰，戰場包括易北河流域和邁森周圍地區。一開始波列斯瓦夫一世尚能保住邁森，但是最重要的戰場是波希米亞，尤其是布拉格周邊。然而，波希米亞當地貴族和市民均支持亨利二世，其法定繼承人亞羅米爾也站在亨利二世那邊。1005 年，亨利二世在波希米亞的支持下開始入侵波蘭，由於雙方力量相當，最後於波茲南達成和議，不過波列斯瓦夫一世隨後又向邁森附近的非基督教徒開戰，和約便於 1007 年廢除。之後波列斯瓦夫一世向馬格德堡進軍，重新占領勞奇茨及其首府鮑岑，直到 1010 年亨利二世才有時間再次向東進軍，但是這次作戰無功而返。1013 年雙方在梅澤堡達成和約，亨利二世將勞奇茨封給波列斯瓦夫一世。

　　同年，亨利二世也提供波列斯瓦夫一世軍隊，助其向東擴張進攻基輔，但由於作戰失利，波列斯瓦夫一世無法也不願向亨利二世提供軍隊助其進軍義大利，導致雙方的關係再次惡化。1015 年雙方再度爆發戰爭，損失慘重且不分勝負，此後雙方的戰場轉移到基輔。波列斯瓦夫一世支持他的女婿斯維亞托波爾克 (Sviatopolk)，而亨利二世則支持雅羅斯拉夫一世 (Yaroslav I)。1017 年夏，亨利二世進攻波蘭，雅羅斯拉夫一世也從東部進攻；與此同時，波列斯瓦夫一世則入侵了易北河和穆爾德河之間的地

區並俘虜多人，其子梅什科二世掠奪波希米亞一帶。1018 年雙方
達成《鮑岑條約》，亨利二世提供給波列斯瓦夫一世軍隊促他進攻
基輔，讓斯維亞托波爾克當基輔大公。此次戰役雖然成功，波列
斯瓦夫一世卻自封為基輔大公，更放任軍隊在基輔燒殺擄掠，數
月後基輔因居民不滿而引發暴動，波列斯瓦夫一世的軍隊倉促撤
離。締結《鮑岑條約》後，波列斯瓦夫一世掌握了權力核心，在
雅羅斯拉夫一世恢復力量前，波列斯瓦夫一世一直持有基輔
(Kievan Rus) 大公的頭銜，但因為亨利二世的反對，所以直到
1024 年亨利二世死後，教宗才派代表赴波蘭，於 1025 年加冕波
列斯瓦夫一世為波蘭國王。

㈣對波蘭的影響

　　波列斯瓦夫一世在波蘭大力支持和宣揚基督教，希望能建立
一個獨立、直接受教宗領導的大主教總教區格涅茲諾，使波蘭的
傳教士脫離馬格德堡大主教的管轄。波列斯瓦夫一世藉著教宗加
冕自己為國王，使波蘭完全脫離神聖羅馬帝國的統治，但其子梅
什科二世在位時波蘭的國力已開始衰弱，國家的財富和資源也因
積極擴張領土而耗盡，其後又爆發社會和宗教性質的動亂，故波
列斯瓦夫一世死後十年，就有不少波蘭人脫離基督教，同時波蘭
還必須與西邊的神聖羅馬帝國和東邊的基輔對抗。於是波列斯瓦
夫一世死後不久，波蘭就由於內部財政、軍事和地域的過分擴張
以及外部敵對勢力的結盟攻擊而走向式微。

圖7：波蘭國徽　國徽為一面紅色的盾，上有一隻頭戴金冠的白鷹。圖概念源自波蘭建國的傳說：很久以前，有一處廣大的草原上居住著一支強大的民族，首領是萊赫、捷克和羅斯三兄弟。他們因為聽說遙遠的西邊有一塊豐美富饒的土地，便帶領族人遷往新的居住地。經過長途跋涉後，來到一片廣闊的林中，萊赫決定在一處白鷹築巢的地方定居下來，並將此地取名為格涅茲諾（鳥巢之意）。羅斯和捷克則往更遠的地方移動，分別建立了俄羅斯與捷克。

第三節　民族起源

　　「斯拉夫人」是使用印歐語系斯拉夫語各民族的總稱，人口總數約為三億人，是歐洲各民族和語言集團中人數最多的一支。其分布範圍主要在歐洲東部和東南部，少數居地則跨越亞洲北部，遠達太平洋地區。斯拉夫人最早居住於俄國基輔 (Kiev)、摩里夫 (Mohilev) 和布列斯特－立陶夫斯克 (Brest-Litovsk) 之間的一個沼澤區，生活艱困並且常受到周圍游牧民族的侵擾，後來漸漸克服環境，定居下來以農耕維生。在早期的畜牧時代以父系社會、氏族、部落等方式建立鬆散的組織，隨著農耕技術進步，漸漸累積私有財產，社會組織的發展也開始緊密而趨向完善。

　　關於斯拉夫人的起源，最早的文字記載見於一世紀末和二世紀初的古羅馬文獻。一至二世紀曾分布在西起奧得河、東抵第聶

伯河、南至喀爾巴阡山、北瀕波羅的海的廣大地區。今日波蘭境內的維斯瓦河河谷，被認為是斯拉夫人的故鄉。四至六世紀間，斯拉夫人開始出現部落聯盟，由於民族大遷徙的衝擊，逐漸分化為三大支系，並出現不同的名稱：西支稱維內德人，東支稱安特人，南支稱斯拉夫人。

因為經常遷移與部落間的爭鬥，斯拉夫語民族發展出不同的語言，今日通常根據語言特徵、分布地區以及歷史、政治等方面的差別，把斯拉夫人分為東、西、南三支：東斯拉夫人，主要是俄羅斯人、烏克蘭人、白俄羅斯人，原本住在歐俄的西部；西斯拉夫人，主要是波蘭人、捷克人、斯洛伐克人、索布人（Sorbs，或稱文德人 Wends）；南斯拉夫人，主要是塞爾維亞人、克羅埃西亞人、斯洛文尼亞人，而保加利亞人雖然像匈牙利人也屬混合族源，卻講斯拉夫語，常被劃分為南斯拉夫人。

斯拉夫人的宗教信仰，傳統上分兩個主要集團：一是東正教徒，包括俄羅斯人、約半數的烏克蘭人、少數白俄羅斯人、塞爾維亞人和馬其頓人；另一是天主教徒，包括波蘭人、捷克人、斯洛伐克人、克羅埃西亞人、斯洛文尼亞人、半數烏克蘭人和大部分白俄羅斯人。還有許多人數很少的宗教集團，如穆斯林、基督新教徒和猶太教徒。

波蘭人屬於西斯拉夫人中的一支，他們從未離開斯拉夫民族發源地。波蘭人又分為二部分，一部分是西面之波蘭尼安人，住在伏爾塔瓦河之兩岸平原，即大波蘭區；另一部分，東面之馬佐維亞人住在維斯瓦河的中游，即華沙附近的平原。九世紀中葉之

後，這個地區逐漸形成了兩大部落公國，在小波蘭是維斯拉公國，在大波蘭是波蘭公國。波蘭公國由皮雅斯特家族統治，從此翻開了波蘭歷史的新頁。

斯拉夫民族的遷徙和
條頓民族的興衰

第一節　斯拉夫民族的遷徙狀況

「民族大遷徙」在西方歷史學裡是指發生在西元 300 年至
700 年之間歐洲大陸上，由匈人 (Huns) 侵略所觸發的一連串人種
遷移，這標示了中世紀的開始，遷移的民族包括哥德人、汪達爾
人、其他日耳曼人與斯拉夫民族。

當日耳曼民族向南、向西進入義大利與高盧之時，在原本日
耳曼民族居住地的北部、中部留下一塊人口密度小的區域，而受
到匈人追趕的斯拉夫人遂向西越過維斯瓦河，進入奧得河和易
北一薩勒 (Elbe-Saale) 河之間的地區，向南進入波希米亞、摩拉維
亞、匈牙利、巴爾幹地區，向北則沿著第聶伯河上游遷移，填補
了這一塊真空地帶。

由於馬札兒人入侵，將斯拉夫民族分為兩半，處於北面者即
是西斯拉夫人。斯拉夫民族的遷徙到了八世紀末才大致完成，整

個中東歐、巴爾幹半島和俄羅斯皆是斯拉夫民族，不斷侵擾著君士坦丁堡和日耳曼的邊陲地區，以期獲得更多的土地與生存空間。到了十二世紀中葉，奧得河成為斯拉夫人與日耳曼人居住地的主要分界線。

　　不過後來的幾個世紀間，各斯拉夫民族幾乎沒有發展成為統一體。西斯拉夫人的文化、政治和生活已和一般的歐洲模式合而為一；俄羅斯人和巴爾幹斯拉夫人則因其土地被蒙古人和突厥人所侵擾，好幾個世紀與歐洲社會沒有任何密切聯繫。十九世紀時，知識分子、學者、詩人發起過泛斯拉夫主義，但對於實際政治甚無影響，即使二十世紀曾出現過如南斯拉夫等政治聯盟，但在民族感情或文化上並沒有相互配合；二次大戰以來，斯拉夫國家雖都實行共產主義，卻未出現超出政治和經濟聯盟之外的其他發展。

　　至於語言部分，斯拉夫人當時使用原始斯拉夫語，為原始印歐語的一個方言。在印歐語系中，斯拉夫語族和波羅的語族（立陶宛語、拉脫維亞語和古普魯士語）關係最近，有些語言學家主張兩者有共同起源，甚至以「波羅的－斯拉夫語族」來命名之，但此說現在不被學界接受。

　　波蘭語屬西斯拉夫語支的北分支（萊赫分支），使用者近五千萬人，大約占人口總數98%，波蘭語是其官方語言。波蘭早期通行拉丁文（因政教合一）及捷克文，至十四世紀時才正式產生書面文字，標準語形成於十六世紀。其方言分為五種：大波蘭方言（中心城市為波茲南）、小波蘭方言（中心城市為克拉科夫）、西里西亞方言（代表城市為卡托維茲）、馬佐夫舍方言（中心城市為

華沙）及卡舒布方言（代表城市為格但斯克），其中卡舒布方言被
許多學者視為獨立語言。

第二節　條頓騎士團的興衰

一、條頓騎士團 (Teutonic Order)

條頓人 (Teutons) 原先是居住在今丹麥日德蘭半島 (Jutland)
附近的古日耳曼人分支，西元前四世紀時分布在易北河下游的沿
海地帶，後來逐步和日耳曼其他部落融合，後世常以條頓人泛指
日耳曼人及其後裔，或是直接以此稱呼德國人。大約西元前 120
年，由於人口膨脹及海水對陸地的侵蝕，民族被迫南遷。

條頓騎士團的德文全稱為「耶路撒冷的德意志聖瑪麗醫院騎
士團」 (Orden der Brüder vom Deutschen Haus St. Mariens in
Jerusalem)，拉丁文名稱是 Ordo Teutonicus（縮寫為 OT），因此通
常被稱為「條頓騎士團」。其成員全都是德意志貴族，1210 年，
德意志貴族赫爾曼 (Hermann von Salza) 成為大團長，在他管理之
下，騎士團迅速發展，甚至擴及東歐。起初，匈牙利國王安德烈
二世 (Andrew II) 邀請條頓騎士團參加對波羅的海斯拉夫人的十
字軍東征，1211 年又請其鎮壓庫曼雷人 (Kumanen) 並給予封地，
1225 年，由於條頓騎士團企圖在封地上建立獨立的國家，遭到驅
逐。不過，當時馬佐維亞的康拉德公爵 (Konrad I Mazowiecki) 企
圖向北邊的麥桿省 (Kulmerland) 地區擴張，結果反而被當地普魯

士人打敗，還被攻占部分領土。康拉德於是假宗教為名，號召討伐麥桿省的異教徒，此舉並沒有得到其他波蘭諸侯的支持，於是康拉德向條頓騎士團求援，希望騎士團幫助他征服普魯士人。

騎士團團長赫爾曼先向神聖羅馬帝國皇帝腓特烈二世(Friedrich II)得到了「黃金詔書」(Golden Bull of Rimini)的保證：其有權占有康拉德贈予的土地和他們征服普魯士人後獲得的土地，對騎士團領地的進攻將遭到神聖羅馬帝國的嚴厲懲罰。此時康拉德開始後悔求助條頓騎士團之舉，於是自行組織了一個基督騎士團，討伐普魯士人，不過這次敗得更慘。只好於 1230 年與條頓騎士團簽訂的條約中承諾：如果條頓騎士團征服麥桿省，他將把這塊土地永久贈予騎士團。 1234 年，教宗格列哥里九世(Gregory IX)承認騎士團對他們征服的土地具所有權，同時要求他們將當地的居民，如斯拉夫人等基督教化，從此騎士團逐漸控制了普魯士。1263 年隨著教宗解除了騎士團保持清貧的禁令，條頓騎士團逐漸富裕，並保護了日耳曼人漢薩同盟❶的商業利益。1288 年，條頓騎士團完成了征服工作，建立了一個強大的政權——騎士團國，普魯士是騎士團國的中心，到了 1300 年，成為中歐和東歐地區最重要的一支軍事力量。1309 年，騎士團設在威

❶ 漢薩同盟是德意志北部城市之間形成的商業、政治聯盟。十三世紀逐漸形成，十四世紀達到興盛，加盟城市最多達到一百六十個，有漢堡、科隆、不萊梅等大城市的富商、貴族參加，擁有武裝和金庫。同盟壟斷波羅的海地區貿易，並在西起倫敦，東至諾夫克羅德的沿海地區建立商站，實力雄厚。十五世紀轉衰，1669 年解體。

圖 8：位於波蘭的馬林堡

尼斯的總部遷到馬林堡 (Malbork Castle)，成為一個獨立的國家。

二、條頓騎士團與波蘭的關係

騎士團國南面的波蘭原本四分五裂，根本不是騎士團的對手。但到十四世紀上半葉，波蘭在國王瓦迪斯瓦夫一世（Władysław I Łokietek，約 1260～1333，1306～1333 在位）的領導下再次團結起來，跟騎士團的關係也變得緊張。1308 年騎士團占領但澤和波美拉尼亞使兩國的關係急劇惡化，即便在 1343 年的《卡利什條約》(Treaty of Kalisz) 中波蘭承認了騎士團國對波美拉尼亞的占領，雙方的敵意仍未打消。波蘭對騎士團國的仇恨是騎士團國重要的潛在威脅，不過儘管如此，騎士團國在十四世紀下半葉在大

圖 9：坦能堡戰役

團長克尼普羅德（Winrich von Kniprode，1310～1382，1351～1382
在位）的領導下達到最強盛的時期，1370 年擊敗了立陶宛——騎
士團國在東方主要的敵人。

　　面對著騎士團國的強大壓力，立陶宛和波蘭的勢力逐漸互相
結合。1386 年，三十八歲的立陶宛大公雅蓋隆（Jagiełło，1351～
1434 ， 1386～1434 在位） 與年僅十三歲的波蘭女王雅薇佳
（Jadwiga，1373～1399，1384～1399 在位）結婚，立陶宛和波
蘭結成了統一戰線，使斯拉夫人在這個地區的力量得到加強，條
頓人與斯拉夫人的衝突遂而加劇。

　　1410 年，波蘭人、捷克人、匈牙利人、哥薩克人 (Cossacks)
組成的聯盟和騎士團在普魯士的坦能堡 (Tennenberg) 附近爆發一
場大規模戰役 。騎士團的指揮官是大團長均林根 (Ulrich von
Jungingen)，聯軍的指揮則是雅蓋隆和其堂弟——立陶宛大公維陶
塔斯 (Witold)。

中午時分，坦能堡戰役開始。開戰之前，騎士團大團長均林根給波蘭國王雅蓋隆送去兩把劍，表示要進行一場騎士之間的較量。騎士團的炮兵首先對聯軍射擊，因為下雨，火藥被雨水淋濕，因此效果不彰；聯軍右翼的立陶宛人和韃靼人在維陶塔斯的指揮下對騎士團發動進攻，但騎士團迅速擊退他們的攻勢並反攻，聯軍中的韃靼人首先潰逃，聯軍右翼很快就無法守住防線，此時聯軍面臨著很不利的局面。不過，因騎士團大團長均林根在戰鬥中陣亡，失去最高指揮官的騎士團陷入混亂，最後被聯軍擊潰。

三、條頓騎士團的衰亡

坦能堡一戰使騎士團遭受了毀滅性的打擊，騎士團國就此走上衰亡的道路。雖然在普魯士和波羅的海倖存下來，但是領土越來越小，軍事力量也越來越衰弱。為了維持統治，騎士團便依賴雇傭兵，這導致稅收的增加和當地人民的不滿。

1440 年，五十三位貴族和十九個城市，在馬林堡建立了旨在反抗騎士團專橫統治的普魯士聯盟。1453 年，普魯士聯盟與波蘭結成同盟，由此引發了長達十三年的戰爭，戰後使騎士團國損失大量領土，且需臣服於波蘭，在騎士團內部引起了極大的爭議。德意志分團希望從神聖羅馬帝國和教廷那兒獲得支持，1494 年，德意志分團長承認臣服於神聖羅馬帝國皇帝馬克西米連一世 (Maximilian I)。

1525 年，拒絕向波蘭稱臣的騎士團大團長阿爾布列赫特 (Albrechet) 接受了馬丁路德的新教，解散普魯士境內騎士團組織，

建立公國。到了 1591 年，在瑞典、俄國、波蘭的擠壓下，騎士團
被逐出波羅的海地區。條頓騎士團撤到南德和奧地利，軍事規模
也小了很多，1683 年，在維也納曾抵禦土耳其的入侵。其後，騎
士團逐漸演變成保存宗教的組織。1809 年，拿破崙解散騎士團，
但在 1834 年騎士團又復活，並繼續發揮其慈善和宗教的功能直到
現在，名稱也由 OT（條頓騎士團 Ordo Teutonicus）變為 DO（德
意志騎士團 Deutscher Orden）。

第三章 | *Chapter 3*

波蘭建國到鼎盛時期

第一節　王朝制度的形成與發展

一、古波蘭建國

　　十一世紀前半期，波蘭的封建體系得到迅速發展：王公貴族侵占自由農民的土地，成為封建的大地主；在國家機關和軍隊服役者，以及教會的神職人員也得到土地的封賜。王族、貴族和僧侶，構成封建領主階級的整體，而其土地主要靠農民的耕種，大部分來自貧困的農民，也有一部分是被附加在土地上的戰俘，農民還必須向國家納稅。隨著封建制度的發展，貴族的政治獨立性加強，經常強占土地，而領主勢力的強大，也導致政治上的分裂。

　　此時波蘭農民所受剝削相當沉重，租稅負擔占收穫量的比例很大，還要履行各種徭役：長途運輸、修築工事、建築橋梁、維修道路等，於是 1037～1039 年，里西吉斯克地區的農民不堪忍受

沉重的剝削，爆發了大規模的農民起事，用劍和石頭將主教和領主殺死，即位不久的王公卡齊米日一世（Kazimierz I，1016～1058，1040～1058 在位）逃到德意志，德意志皇帝派兵送他回國並鎮壓起事，終於恢復皮雅斯特王朝。其後，卡齊米日一世竭力統一分崩離析的國土，而其努力確實收到一些成效，到了十一世紀中葉，波蘭舊有的領土基本得到恢復。

1138 年，波列斯瓦夫三世（Bolesław III，1086～1138，1107～1138 在位）臨終前決定把國土分給四個兒子：長子瓦迪斯瓦夫二世 (Władysław II) 分得西里西亞；次子梅什科三世 (Mieszko III) 分得大部分的大波蘭和一部分庫雅維亞；三子波列斯瓦夫四世 (Bolesław IV) 分得馬索維亞；四子卡齊米日二世 (Kazimierz II) 分得桑多梅日和盧布林地區。遺囑規定，長子繼承大公稱號，另得大公封號及大公封邑：包括克拉科夫、塞拉奇和倫奇查地區、庫雅維亞另一部分（魯雪瓦茲）以及大波蘭的一部分（包括卡利什和格涅茲諾），首都設在克拉科夫。各諸侯國原則上是受大公統轄，實際上是獨霸一方的割據勢力。1146 年，兄弟鬩牆，爆發內鬨，大公被逐，逃到國外，其職位由三個弟弟輪流擔任，從此進入了名副其實的封建割據時期。十二世紀中葉以後，大地主在領地內都享有行政和司法特權。

城市裡類似的情形也很嚴重，由於德意志貴族掌握波蘭城市的經濟命脈，波蘭許多自治城市的行政管理權也由德意志貴族把持，各種苛捐雜稅都轉嫁到城市貧民頭上，僅酒類出售稅就占國家稅收 16.6%，因此城市貧民，包括工人、學徒反抗城市貴族。

1392 年克拉科夫城的一批工人和學徒拒絕工作，抗議城市貴族的剝削，這是波蘭歷史上最早一次的罷工，後來罷工者被以武力強行逐出城外。由於德意志移民者壟斷城市工商業，嚴重阻礙波蘭民族經濟的發展和市民階級的成長，因此，歷代波蘭國王和大地主的爭鬥中，主要是依靠中小貴族的支持，這是波蘭政治制度的特色，也是波蘭貴族專橫的原因。

　　波蘭國王瓦迪斯瓦夫一世便是依靠中小貴族組成的武裝力量來鎮壓大貴族的反抗和德意志城市貴族的叛亂。其子卡齊米日三世（Kazimierz III，1310～1370，1333～1370 在位）一生也著重於波蘭的統一工作，曾把馬佐夫舍、大波蘭、小波蘭置於自己的政權之下，還從立陶宛人手中奪得加里西亞和沃林尼亞的一部分土地，他實行軍事改革，要求領主按領地大小提供兵源，富裕農民也被徵召服役，力圖限制德意志城市貴族特權，禁止德意志移民按照《馬格德堡法》❶進行裁決。

二、十字軍與蒙古西征對波蘭之影響

㈠十字軍入侵

　　1095 年 11 月 27 日，在法國克萊蒙特 (Clermont) 召開的宗教會議閉幕前夕，教宗烏爾班二世 (Urban II) 演說發起十字軍運動。

---

❶　《馬格德堡法》原是德意志國內城市反對封建的產物。德意志移民在波蘭也以此作藍本管理城市，即城市本身有權組織法庭、徵收捐稅、市長世襲等，不聽命波蘭國王。

大意為基督教世界已因伊斯蘭教徒的勝利而蒙羞，聖地淪入異教徒手中，屢遭玷辱，收回聖地和聖都耶路撒冷乃勢在必行，而因參與聖戰而喪失生命者，可蒙神恩赦免罪惡並得以升入天國。群眾聚集在聖殿前的廣場，聆聽教宗的演說後，全體歡呼「神的旨意」，於是教會立即遣使傳達教宗的通諭，甚至烏爾班二世本人亦未返回羅馬，耗費了九個月的時間遊說各國參與十字軍運動。

　　波蘭遭到十字軍入侵，起因為諸侯的內鬥。十三世紀初，有兩派諸侯在爭奪王位，其中之一的馬佐維亞公爵康拉德，為了擴張勢力，於 1226 年邀請剛自近東參加第五次十字軍東征回來之條頓騎士團前來協助。這個騎士團的團長為赫爾曼，於獲得羅馬教宗格列哥里九世之准許後率團前來，其任務是征服住在波羅的海東南沿岸之異教徒普魯士人。條頓騎士團經過數十年戰鬥終於征服了普魯士人，於 1288 年建立了一處日耳曼人殖民地，就是後來的東普魯士。後於 1237 年，條頓騎士團更與北方之寶劍騎士團連為一氣，形成一支強大的日耳曼勢力，成為波蘭長期邊患。

　　條頓騎士團盤據於東北歐約一百五十年，不僅進行武力占領、大量移民，亦從事貿易活動。歷代之波蘭國王均與騎士團交戰，一直到 1410 年之坦能堡之戰，才擊敗騎士團，將其降為波蘭王國之附庸，後來騎士團團長更改宗教信仰，由天主教改信路德教，並將領地改稱為普魯士公國，效忠波蘭王國。

㈡蒙古西征

　　波蘭東邊的外患是蒙古人的入侵。十三世紀在亞洲北方草原崛起的蒙古民族，在成吉思汗及其子窩闊臺的領導下，東征西討

建立了橫跨歐亞兩洲的游牧大帝國。

　　蒙古人於 1240 年攻下俄羅斯南部大城基輔後，接著將矛頭指向波蘭及匈牙利等地方，當時的東歐地區國家仍分成若干零星的小諸侯國或是領地，民族成分複雜。此時雷格尼茲地方的統治者是西里西亞公國的領主亨利二世 (Henry II the Pious, 1196～1241) 公爵，他是波蘭貴族，本身也勇猛善戰。其得到消息，蒙古的先頭部隊僅僅兩萬人馬，若不主動出擊，等到蒙古後續部隊集結，恐怕就失去這個優勢，因此打算在蒙古軍隊行軍的路上攔截他們。

　　1241 年 4 月，亨利二世帶領全數軍隊出發。波蘭一方由東歐之基督教聯軍組成，亨利統帥除了西里西亞部隊外，尚有波蘭、摩拉維亞各地之騎士、步兵，以及條頓騎士團的騎士。此戰役亨利自認十分有勝算，因為其姊夫波希米亞國王文瑟拉斯一世 (Wenceslaus I, 1205～1253) 的五萬援軍不久也會趕到。

　　蒙古軍擁有精密的情報網，所以當亨利來到雷格尼茲附近時，蒙古人早已等待多時，亨利急忙將隊伍分為四個中隊，然而在身經百戰的蒙古人眼中，亨利的軍隊卻是一盤散沙。當時並無常備軍的概念，而且用人唯親，不論才能，有時也雇傭兵幫忙打仗，故而沒有大兵團作戰的概念及經驗；反之，蒙古人的征伐動員各個部族，規模龐大且組織嚴謹。在戰場上，歐洲軍隊和蒙古軍都依賴馬匹作為戰爭工具，但歐洲騎士們習慣持長形武器衝鋒陷陣，等到陷入敵陣才揮舞近距離武器砍擊敵人，騎士們穿著厚重盔甲，敵人只要被他們掀下馬或擊倒在地，就會被後面一擁而上的步兵收拾掉；蒙古軍隊大部分由騎兵組成，主要武器是弓箭，擅長遠

圖 10：1241 年戰役

距離騎射，因此不需盔甲保護。蒙古騎兵的座騎個頭比歐洲騎士
的戰馬小，但是卻有超乎異常的耐力，所以蒙古騎兵可以日行數
十里而不疲倦，較諸西歐軍隊快速好幾倍。

　　當兩軍對峙時，因為蒙古人從來不用號角，而是用旗號指揮
軍隊，歐洲軍隊完全聽不到大戰來臨的號角。不等統帥亨利公爵
下令，第一隊的伯爾斯拉夫男爵率先發起第一波攻擊，卻被箭雨
射得敗退。此時第二隊及第三隊士兵相繼投入戰場發動攻擊，蒙
古人開始凌亂地撤退，波蘭聯軍也乘勝追擊。結果聯軍中了蒙古
軍的誘敵之計，騎兵因此孤立無援而大敗，亨利二世敗亡。依據
蒙古兵的習慣，凡是殺死一個敵人，就割下一只耳朵作為戰績，
這次在雷格尼茲的勝利，他們足夠裝滿九大籃筐的歐洲人耳朵，
根據統計，此役歐洲軍隊共陣亡約兩萬五千多人。

三、皮雅斯特王朝之盛世與結束

由於封建制度的發展和外族入侵的威脅，分裂延續近兩百年的波蘭，在十四世紀初重新統一，但是波蘭王國已喪失了波莫瑞和西里西亞，前者被德國布蘭登堡 (Brandenburg) 和條頓騎士團占領，後者則被盧森堡王朝統治下的捷克占領。波蘭王國只轄有大波蘭、小波蘭的馬佐夫舍、庫雅維亞。

十四世紀初，瓦迪斯瓦夫一世以維斯瓦河以北維斯利查城為根據地，開始進行統一國家的活動。他首先占領波蘭的心臟克拉科夫地區，得到當地市民、農民和小貴族的支持。1311～1312年，瓦迪斯瓦夫一世鎮壓了以克拉科夫市長阿爾伯特為領導的德意志貴族的叛亂。1314 年又平息了以波茲南為首的大波蘭城市貴族的反抗，進而控制了整個大波蘭地區。瓦迪斯瓦夫一世統一大小波蘭之後，於 1320 年加冕為王，波蘭統一國家開始形成。

1333 年，瓦迪斯瓦夫一世之子卡齊米日三世即位後，和南鄰波希米亞王國的長期衝突於 1334 年告一段落，兩國舉行維西格勒 (Vissegrad) 會議，言歸於好；1335 年又與匈牙利結盟；波蘭與條頓騎士團之間的戰爭，也於 1343 年結束，雙方簽訂《卡利什條約》。1340 年出兵西南羅斯，於 1349 年占領其中一部分，波蘭國土明顯地擴大，國力進入全盛時期，所以史稱其為「卡齊米日大帝」。

此後，卡齊米日三世將波蘭發展的箭頭轉向東鄰俄國，這時俄國正處於欽察汗國統治時期，諸侯分立，力量分散，位於俄國西部的兩個小公國則在欽察汗國勢力未能達到的邊區。卡齊米日

三世於是透過姻親繼承關係和種種壓力,首先於 1352 年取得海利克 (Halich) 公國的王位,以利洛夫 (Lwów) 城為首府,後於 1366 年取得瓦林尼亞 (Volhynia) 公國的王位,為波蘭增加了大幅的領域。 1364 年 , 卡齊米日三世更召開克拉科夫會議 (Congress of Kraków),邀請神聖羅馬帝國新當選的皇帝查爾斯 (Charles IV)、匈牙利王路易士 (Louis the Great) 、 丹麥王瓦爾德馬 (Valdemar IV)、巴伐利亞公及賽普路斯國王等人參加,討論發動十字軍東征土耳其問題,儼然成為東北歐的國際領袖。

　　在內政方面 , 最值得稱道的是 1364 年創立的克拉科夫大學 (Jagiellonian University) , 為波蘭第一所最高學府 , 與波希米亞 1348 年建立的布拉格查理大學 (Charles University in Prague) 相互

圖 11:克拉科夫大學

輝映。十五世紀末年，著名天文學家哥白尼 (Nicolaus Copernicus, 1473～1543)，就是這所大學訓練出來的學者。而日耳曼人的第一所大學——維也納大學，還比克拉科夫大學晚一年創立 (1365 年)。克拉科夫大學的創立是西斯拉夫人常引以為傲的事。

　　卡齊米日三世的其他貢獻是頒行了一部法典，除將原有不成文的習慣法整編為具體法條之外，並且引介了部分西方的條文，亦設立克拉科夫特別法庭，按照上述法典進行裁決，還給予新建城市自治權，這部法典維持了四百多年。他對於少數民族的猶太人採取寬容政策，是時因西歐發生黑死病，將責任歸咎於猶太人而加以迫害，波蘭此時卻提供棲身之所，准其進入定居，於是猶太人大批湧入，日後波蘭也成為猶太人最多的東歐國家。卡齊米日三世將中央政府的權力提高，將封建貴族的地方勢力削弱，有助於政治安定。他也重視經濟資源的開發，開闢森林，移民屯墾，發展黑海近東航線，加入漢薩同盟，與北歐各地貿易，以便商旅。更大量增建教堂與修院，加強宗教的力量，首都克拉科夫的建築由木造改為磚石。在卡齊米日三世三十七年的統治中，波蘭享受了一段繁榮和平的歲月，直到 1370 年其因狩獵事故而去世。

　　卡齊米日三世是皮雅斯特王朝的最後一任君主，連娶三任妻子，但身後無嗣，乃以其外甥原任匈牙利國王的路易士 (1326～1382) 繼位，路易士屬於法國安茹 (Anjou) 王朝的後裔，在其十二年 (1370～1382) 的短期統治中，對波蘭只是遙領性質，並不重視。而因他是外來君主，為了安撫波蘭的貴族，特於 1374 年頒布所謂《科西契憲章》(*Pact of Koszyce*)，賜予免稅、免役等特權，

　　這是波蘭國王向貴族不斷讓步，終致造成尾大不掉局面的開始。

　　路易士於 1382 年逝世，也無男嗣，生有兩位公主。長女瑪麗 (Mary) 已與日耳曼盧森堡家族的西吉斯蒙德 (Sigismund von Luxemburg) 訂婚，匈牙利國會已同意西吉斯蒙德繼任匈王。而幼女雅薇佳也與哈布斯堡 (Habsburg) 家族的奧地利公爵威廉訂婚，然波蘭雖同意雅薇佳以 「國王」 (King) 名義入主波蘭 (1384～1399)，但不願王夫為日耳曼的哈布斯堡家族，於是解除與威廉的婚約，另擇夫婿，立陶宛大公雅蓋隆乃成為理想的人選，於是波蘭進入雅蓋隆王朝的統治時期。

第二節　版圖的擴張

　　波蘭的領土於卡齊米日三世時期開始擴張，兼併雷德羅斯和馬佐維亞兩個重要地區，使波蘭成為十四世紀中歐的強國。卡齊米日三世的統治也增強了波蘭民族的團結，他與當時的幾個重要王族聯姻，從而獲得外來的支持，其透過姻親繼承關係及種種施壓手段，取得海利克公國與瓦林尼亞公國之王位，為波蘭增加了許多的領土。而接續的雅蓋隆王朝，其勢力在當時與哈布斯堡王朝並列，全盛時期領土廣大，除了統治波蘭與立陶宛之外，還曾管轄波希米亞與匈牙利，疆域包括東北歐與中歐，也是當時歐洲最強大的王朝。

一、雅蓋隆王朝 (1386～1572)

㈠波蘭與立陶宛聯合

十三世紀到十四世紀間，波羅的海鄰近的小國幾乎都接受了基督教信仰，除了立陶宛人仍以自己是歐洲大陸上最後一批異教徒而自喜。由於有了日耳曼民族在波羅的海海岸的地域性抵擋，立陶宛成為了介於涅曼河 (Neman River) 與北德維納河 (Northern Dvina River) 兩河流域，由南至東各種民族的集中地。1370 年，正當安茹王朝的路易士統治著匈牙利與波蘭兩地時，立陶宛也正在對抗著安茹帝國。

1377 年，雅蓋隆成功地繼承了立陶宛的皇位，那時雅蓋隆對於波蘭，一直還沒有任何建立特殊關係的想法，直到條頓騎士團的擴張逐漸威脅到波蘭與立陶宛的生存空間。1386 年，雅蓋隆與波蘭締結為姻親聯盟，開始了四百年的波立共和國。本來波蘭與立陶宛間的相互聯合，只限於王室之間彼此的關係，而不是兩國政府的合併，但是經過坦能堡之役，波立聯軍大勝條頓騎士團，雙方經過密切會商，終於在霍洛德祿 (Horodle) 達成了進一步的協議。1413 年簽訂了新的聯合條約，立陶宛和波蘭實行共同的外交政策，但兩國仍保有自己的國家元首，選舉需經兩國重要貴族同意，波立兩國貴族定期開會，共議國事，民間也可自由來往。

波立聯盟的最終發展，即是 1569 年「盧布林聯合」(The Union of Lublin)。此次成功聯合的原因，一是波立兩國同受瑞典、土耳其，尤其是俄國伊凡四世 (Ivan IV) 西進的威脅；再者，立陶

圖 12：盧布林聯合

宛貴族希望享受更多和波蘭貴族一樣的特權，此時立陶宛已深受
波蘭文化影響，也急需波蘭財力和軍力的支援，抵抗外力的侵犯，
而波蘭貴族則希望在立陶宛境內能獲得更多的農產。故而波、立
兩國於 1569 年 7 月 1 日在盧布林簽訂協約，而雅蓋隆便被視為
波蘭國王瓦迪斯瓦夫二世──雅蓋隆王朝的最初建立者。

　　聯合之後，雅蓋隆在立陶宛的政策上做出許多改變，包括把
基督教引進立陶宛，釋放當時立陶宛所有的波蘭罪犯與奴隸，並
且恢復與條頓騎士團對等的地位。1387 年從匈牙利人手中收復了
羅塞尼亞，且使摩爾多瓦的王公稱臣納貢，成功的將立陶宛與波
蘭兩國永久合併在一起。合併以後，雅蓋隆把波蘭－立陶宛王國
版圖由波羅的海擴張至黑海，從維爾紐斯延伸至一百六十公里外
的莫斯科，立陶宛與波蘭締結聯盟，也帶來了繁榮與文化發展。

㈡雅蓋隆王朝盛世

　　1434 年瓦迪斯瓦夫二世逝世後，王位由瓦迪斯瓦夫三世（Władysław III，1424～1444，1434～1444 在位）繼任。由於即位時僅十歲，便由克拉科夫主教奧列士尼斯基 (Z. Oleśnicki) 輔政。當時王朝擴大了勢力，1440 年瓦迪斯瓦夫三世還成了匈牙利國王，並得到匈牙利抗土名將匈雅提 (J. Hunyadi) 協助，打算攻占君士坦丁堡，以此促成拉丁教會與希臘教會統合。此次戰爭最後達成休戰十年的協定，但瓦迪斯瓦夫三世忽聞教廷與威尼斯聯軍將攻入黑海，於是毀約，結果在 1444 年波土戰爭中戰死於保加利亞的瓦爾納 (Varna)，得年僅二十歲。

　　卡齊米日四世 (Kazimierz IV Jagiellończyk, 1427～1492) 繼承瓦迪斯瓦夫三世王位，為立陶宛大公 (1440～1492) 和波蘭國王 (1447～1492)。卡齊米日四世是於 1440 年被立陶宛貴族扶為大公，其兄死後則當選為波蘭國王。他致力恢復立陶宛與波蘭的聯盟，並將目標轉向北部的條頓騎士團，前進波羅的海。1466 年簽訂《第二次索恩條約》(Second Peace of Thorn)，使騎士團元氣大傷，波蘭並取得維斯瓦河口以西沿岸，稱為「西普魯士」(West Prussia) 的區域，但澤也成為「自由市」，歸波蘭管轄。而騎士團所擁有的便稱為東普魯士，改以科尼斯堡（今稱加里寧格勒 Kaliningrad）為首府，普魯士淪為波蘭附庸。卡齊米日四世透過與哈布斯堡王室的伊莉莎白結婚和他們所生孩子的繼承權，與歐洲各個王室建立聯盟，並將其子推上波希米亞王位和匈牙利王位。然而在其子約翰‧阿爾貝特 (Jan I Olbracht，1459～1501，1492～

1501 在位）和亞歷山大（Aleksander Jagiellończyk，1461～1506，
1501～1506 在位）統治時期，卻被貴族奪去不少權力，尤其先前
在對騎士團的戰爭裡為爭取貴族支持，1454 年卡齊米日四世曾頒
布《聶沙瓦條約》(*Statute of Nieszawa*)，保證今後一切立法都需
經過貴族同意，更是無形中削弱了波蘭王權，此條約也被稱為《大
憲章》(*Magna Carta*)。

卡齊米日四世去世後，波立聯盟在 1492～1506 年間一度分
裂，直到 1506 年，其子西吉斯蒙德一世（Zygmunt I，1467～1548，
1506～1548 在位）成為立陶宛大公和波蘭國王，國內才趨於統
一。1525 年其軍隊擊敗了東普魯士的條頓騎士團，並在普魯士公
國確立波蘭的宗主權。1529 年把馬佐維亞公國（現在的華沙省）
併入波蘭版圖。西吉斯蒙德一世實行司法和行政改革，並促使貨
幣改革。王后包娜・史佛薩 (Bona Sforza, 1494～1558) 從米蘭帶
來一批義大利藝術家，將克拉科瓦沃山上的王宮建造成最具代表
的文藝復興建築，使克拉科夫成為文化重鎮，促進了文藝復興的
發展。

而十六世紀的宗教運動亦對波蘭產生衝擊，在西歐各國發生
宗教戰爭與迫害背景下，各種新教同時湧進，採開放態度的波蘭，
其中包括喀爾文教派、路德教派，甚至作風極端的「再洗禮派」
(Anabaptists)。這些教派並建立各自教區，但也因為教派太多，波
蘭並未建立全國性的新教教會。隨後，「捷克友愛會」(Union of the
Brethren) 從波希米亞轉向波蘭，東正教徒也在俄國支持下動作頻
頻。1548 年，西吉斯蒙德二世（Zygmunt II，1520～1572，1548～

圖 13：瓦維爾城堡 (Wawel Castle)　位於當時的首都克拉科夫維斯瓦河畔，作為國王城堡，約建於 1507～1536 年。有別於華沙，克拉科夫在第二次世界大戰中倖免於難，歷史建築物得以保持完整無缺。在1978 年，整個舊城區的城市範圍被列入聯合國教育科學文化組織的世界文化遺產中。

1572 在位）　即位，1550 年頒布法令禁止異教，1564 年在西姆（Sejm，議會）中將「特倫特會議」(Council of Trent) 通過的教條納入法律，之後耶穌會建立，創辦布隆士堡學院 (College of Braunsberg)，並在樞機主教郝西阿斯 (Hosius) 帶領下展開「反改革」運動 (Counter-Reformation)，成功壓制波蘭新教，但波蘭政府仍秉持不迫害其餘宗教的信念，並在 1573 年通過《宗教容忍法》。

二、王政共和時代 (1569～1795)

「盧布林聯合」所產生的波立聯盟，事實上是一個國王徒具

虛名的共和國，歷史學家多稱其為「王政共和」(Royal Republic)，這是波蘭史上的第一個共和❷，以下簡述波蘭「王政共和」時期的特徵。

㈠國王由選舉產生

基本上每一位波蘭貴族均有參加選舉的權利，參加者有時多達一萬人以上，任何信仰天主教的貴族，不論是否為波蘭公民，均可自薦或被推為候選人。一開始先由幾位主要候選人的支持者發表政見，並在華沙近郊的瓦拉廣場 (Wola Field) 駐紮安營，以臨時搭建的帳篷作為活動的據點，彼此交換見解，等到局勢逐漸明朗，皇家使者 (Marshal of the Crown) 便會要求已居劣勢的候選人放棄競選，集中支持最具冠軍相的候選人。如果選舉進行順利，當天就可產生新王，不過，選舉過程中彼此刀劍相向，乃至兩軍作戰的情形也不少見，和近代神聖羅馬帝國初期的帝位選舉情形頗多雷同。

第一次的王位選舉，始於 1572 年西吉斯蒙德二世逝世後，但當時並未立即選出新王，中間出現了一年的「空位期」(interregnum)。在波蘭史中，「空位期」的出現代表政治情勢不穩定。在「第一空位期」中，共有五人競選，立陶宛貴族支持莫斯科的伊凡四世，波蘭的主教和大貴族則支持奧地利大公，但由於法國大使從中進行金錢外交牽制，1573 年由法國瓦洛瓦家族的亨

---

❷ 一次大戰以後，波蘭在慘遭瓜分一百二十三年後終於復國，其所建立的波蘭共和國史稱「第二共和」(1918～1939)。

利公爵（Henry of Valois，1551～1589，1573～1574 在位）當選，
波蘭貴族藉此提出多項要求作為交換，史稱《亨利條款》
(*Henrician Articles*)。1576 年的另一次王位選舉時，貴族又迫當選
的巴托利（Stephen Báthory，1533～1586，1576～1586 在位）接
受所謂的《協議條款》(*Pacta Conventa*)。上述兩條款的性質就等
於英國史中，威廉三世 (William III) 所簽署的《權利法案》(*Bill
of Rights*)，均為限制君權的條件，今後波蘭國王必須絕對遵守，
如此一來，國王反而變成貴族的公僕。上述兩條款的內容，整理
為下列幾點：

　　⑴貴族有權選舉國王，國王無權指定繼承人，即使為父親傳
　　　位給兒子的情形，也須經議會同意。

　　⑵宣戰、締約、派任大使、徵稅必須獲得貴族的同意。

　　⑶國王必須定期召開「西姆」。

　　⑷國王如違背宣誓時同意之條款，貴族有反抗抵制權。

㈡西姆的「自由否決權」(Liberum Veto)

　　波蘭的西姆相當於英國的巴力門 (Parliament) 或俄國的杜馬
(Duma)，皆指「國會」之意。在王政共和時期，西姆是國家的權
力中心，權力超過國王。西姆最初只是地方性的議會，自十四世
紀起，國王為了徵稅或徵兵，常須徵求地方議會的同意，於是在
1493 年第一次召開全國性的西姆。後來「盧布林聯合」成立波立
聯盟之後，西姆就成為聯盟的國會。西姆分為參議院與代表院，
參議院設席一百四十位，多由神職人員或政府高層擔任，休會期
間則選出十六人協助國務，主席由國王擔任；代表院則由各省代

表組成，開會由議長主持。

　　值得一提的是，西姆的議案必須獲得全體的同意方能通過，採用的是一致決而非多數決，舉例來說，在一百人出席的西姆中，縱使九十九人支持某一議案，只要一人宣稱「我不贊成」(Nie Pozwalam) 或「反對」(Veto)，此案即被全盤否決。雖如此，但此情形在共和初期只在 1580 年出現過一次。真正的首例則始自 1652 年，當時西姆討論增稅案，準備應付烏克蘭的叛離運動，這個案子原本已經過所有代表的同意，但在議期的最後一天，突然有一位來自立陶宛的代表席辛威斯 (J. Sicinski) 受到某貴族指示，投下反對增稅的一票，議長只能承認這一否決票合法有效，既然有效，則整個增稅案就被宣布作廢。「自由否決權」原意是保護貧苦人民抵制權貴濫用權力，不過一旦遭到有心人士利用，後果不堪設想。甚至在 1688 年的西姆開幕式中，竟因有人反對召開，該屆西姆即告流會。到了十八世紀末年波蘭瓜分時，情況更為嚴重，奧古斯都二世（August II，1670～1733，1697～1706、1709～1733 兩度在位）在位期間召開了二十次西姆，其中十一次被中途推翻，自由否決權反而變成外國破壞波蘭政府的工具。

㈢同　盟 (Confederation)

　　同盟也是一套古老的波蘭制度，其目的在顯示公民的基本抵抗權利，任何一群人均可共誓組成，以保護本身的權益。1573 年全體西姆議員一致加入「華沙同盟」以維護宗教容忍的原則。1606 年，貴族為了推翻瓦薩 (Vasa) 王朝的西吉斯蒙德三世（Zygmunt III，1566～1632，1587～1632 在位），曾組同盟，到

了十八世紀末年，此種大規模的同盟不斷出現，內戰隨之爆發，最後淪為外國（指俄國）的御用工具。

第三節　外國勢力的入侵

一、巴托利時期 (1576～1586)

　　亨利擔任波蘭國王不到一年 (1573～1574)，因為他的兄長查理九世病逝而離開波蘭，轉任法王，是為法王亨利三世（1574～1589 在位）。之後當選的波王，是來自外息爾凡尼亞 (Transylvania) 的巴托利，王后為前王西吉斯蒙德二世之妹。巴托利是波蘭史中的名王之一，在位雖僅十一年，但成就頗多。在內政方面，他改良司法制度，創立上訴法院，創建維爾諾大學 (Vilnius University)，整頓財政，增加庫存，籠絡南疆的哥薩克，引為對抗俄國的助力；在對外方面，他首先打通波羅的海的出口，擊潰由俄國和丹麥支持的但澤叛亂，使維斯瓦河得以暢通。然後轉向東北，攻擊利沃尼亞 (Livonian)❸，再度與俄國發生戰爭。俄國的伊凡四世積極西進，企圖打通波羅的海，於是發生多年的「利沃尼亞戰爭」(1558～1582)，波蘭、瑞典均捲入戰爭。巴托利三度出兵，俄國大敗，傷亡三十萬人，伊凡四世被迫求和，簽

---

❸　利沃尼亞即今之拉脫維亞一帶，十三世紀初被日耳曼的「寶劍騎士團」征服，以里加 (Riga) 為中心，構成立陶宛、俄國和波蘭的邊患。

訂《亞木‧沙波斯基條約》(*Truce of Jam Zapolski*)，於是利沃尼亞的南部併入波蘭，北部連同愛沙尼亞及芬蘭灣東岸併入瑞典。

　　巴托利雄心壯志，曾有過所謂「大計畫」(Grand Design) 的構想，他向教宗西克斯圖斯五世 (Sixtus V) 建議，擬以波蘭為核心，首將信奉東正教的俄國征服，然後再將土耳其逐出巴爾幹，使整個東南歐均納入天主教世界，建立一個包括波蘭、立陶宛、匈牙利和俄國的邦聯。此一計畫，因為西姆的反對及巴托利的逝世而未能進行。

　　從十六世紀末至十七世紀前半葉，波蘭也被捲入全歐洲的宗教衝突中，來自東面的東正教徒和伊斯蘭教徒以及西面的新教徒，竟使這個天主教國度成為風暴的核心。雖然自 1573 年已通過《宗教容忍法》，但也因此使其他教派更肆無忌憚地進入波蘭領土，於是內部保守派分子開始抨擊官方政策，發生宗教迫害，而這更使鄰國以保護其教徒為由，進行挑釁。然而在這外患不止的時刻，內部仍欠缺整合的力量，「自由否決權」使任何想要向貴族徵稅以加強軍備的方案常被取消，脆弱的王權因此更加危急。此外，十七世紀中葉，烏克蘭哥薩克的動亂再加上對抗瑞典的戰爭，讓波蘭－立陶宛兩國人民遭受腹背受敵的局面。

二、瓦薩王朝 (1587～1668)

　　巴托利逝世後，王位無人繼承，是為「第三個空位期」。兩派爭奪王位，一派支持哈布斯堡王朝的麥西米倫大公，一派支持瑞典瓦薩王朝的西吉斯蒙德三世，最後由西吉斯蒙德三世勝出。

　　西吉斯蒙德三世在位四十五年 (1587～1632)，國際環境對其極為有利，如能善加利用，可使波蘭成為雄霸整個東歐乃至部分北歐的大國，創造不朽的功業。因此時正值俄國的「混亂時代」(Time of Troubles, 1598～1613)，西歐、北歐各國正捲入「三十年戰爭」(1618～1648)，這正是波蘭擴展的機會。可惜因為國王的失策及波蘭貴族的短視自私，而坐失良機，良機一逝，波蘭則彷彿墜入了萬丈深淵，從此多災多難。西吉斯蒙德三世的對外政策，犯了幾項嚴重的錯誤：

㈠爭奪瑞典王位，引發長期戰爭

　　西吉斯蒙德三世被選為波王後，改信天主教，而且變成一個狂熱的天主教徒，當其父瑞典國王約翰三世（John III，1568～1592在位）於 1592 年逝世後，他兼任瑞王時也想把瑞典變成一個天主教國家。為了加強與瑞典聯繫，於 1595 年將政府由克拉科夫北遷至華沙，1609 年再將華沙正式定為首都。瑞典的新教信徒將其推翻，改由其叔查理九世（Charles IX，1604～1611 在位）繼任，西吉斯蒙德三世拒絕接受，於是引發波瑞戰爭 (1598～1629)。其間查理九世之子古斯塔夫二世（Gustav II，1611～1632 在位）曾大敗波軍，攻占利沃尼亞及波蘭北部，長期的戰爭，消耗了波蘭國力。

㈡干涉俄國內政，但又進退失據

　　莫斯科公國的留里克 (Rurik) 王朝，至 1598 年終結，引發王位競爭。因為伊凡四世幼子狄米特里 (Dimitry) 的死亡，野心分子乃冒充狄米特里王子爭奪王位。第一個冒充者來自波蘭，受到波

蘭貴族以及天主教會的幕後支持，一度進入克里姆林宮加冕為沙皇，但馬上就被推翻。第二個冒充者也是由波蘭野心分子所培植，率軍包圍莫斯科，在西郊圖什諾 (Tushino) 建立政府，與瑞典支持的莫斯科政府相對峙。圖什諾政府為了對抗瑞典的壓力，派代表團赴波蘭求助，同意邀請西吉斯蒙德三世之子為俄國沙皇，但以新王改信東正教，並保證俄、波兩國不得合併為此協議之先決條件。協議已決，但是西吉斯蒙德三世又突然變卦，要求自兼俄皇，於是引發俄波戰爭，1610 年波軍進入莫斯科，俄國西疆全部被波蘭占領，波王計畫將俄國也納入「波立聯盟」之內，成為一個新的「波立俄聯盟」。這樣的企圖，反而激起了俄國人的民族意識，團結在一起，於是將波軍逐出莫斯科。1613 年俄國新王朝——羅曼諾夫 (Romanov) 王朝建立，向波求和。1634 年雙方休戰，簽訂《波利安諾夫條約》(*Treaty of Polianov*)，波蘭雖然仍據有斯摩稜斯克 (Smolensk) 等地，但已失去控制俄國全局之機會。

㈢拉攏日耳曼，觸怒土耳其

西吉斯蒙德三世篤信天主教，常以「反改革」運動之先鋒自命。皇后安妮 (Anne) 為一奧屬哈布斯堡家族之郡主，所以西吉斯蒙德三世對南鄰奧地利頗有好感，曾想將波蘭王位轉讓給奧國大公，自己則轉往瑞典專任瑞王，使瑞典變成一個天主教國家。當「三十年戰爭」在波希米亞爆發後，他立即決定支持神聖羅馬帝國皇帝兼奧國大公斐迪南二世 (Ferdinand II)，對抗捷克的新教叛軍。當時支援波希米亞者，只有外息爾凡尼亞公拜特倫 (Gabor Bethlen)，西吉斯蒙德三世派兵攻入外息爾凡尼亞，同屬西斯拉夫

圖 14：華沙皇宮及西吉斯蒙德三世紀念碑（圖右）

人的波希米亞逐漸被奧國擊潰，又淪入哈布斯堡和天主教的領域，
歷時三百年。外息爾凡尼亞自 1526 年的摩哈赤 (Mohács) 之役以
後，即屬土耳其帝國的領域，土耳其認為波軍已經侵犯到其轄境，
於是興兵北犯，發生波蘭與土耳其間的戰爭，波蘭南境從此不得
安寧。

　　在波蘭與瑞典的衝突中，信仰新教的布蘭登堡選侯國極可能
與瑞典聯手結盟，西吉斯蒙德三世為了避免上述情況發生，同時
也為了爭取布蘭登堡的後援以便對土用兵，決定對其讓步。東普
魯士公國的統治者霍亨索倫 (Hohenzollern) 家族的布蘭登堡選侯
喬治・威廉 (George William) 意欲兼統東普魯士，而東普魯士當

時仍為波蘭的附庸，必須獲得波蘭的同意。西吉斯蒙德三世同意
布蘭登堡選侯兼領東普魯士公國以後，提高了霍亨索倫家族在日
耳曼世界之中的地位。1657 年，波王更放棄對於東普魯士公國的
宗主權，由布蘭登堡選侯兼任普魯士公。此一聯合對日後東北歐政
局的發展具有決定性的影響。八十年後，兼領兩地的「普魯士王
國」於 1701 年成立，而普魯士王國正是將來瓜分波蘭的三強之一。

　　基於上述所論，西吉斯蒙德三世的外交，為波蘭帶來北、南、
西三方面的禍患，十七、十八世紀的波蘭即將自食惡果，永無寧日。

三、洪禍時期

　　從十七世紀中葉開始，進入波蘭史上所稱的「大洪水時期」
(The Era of Deluge)❹，也可稱作「洪禍時期」。這個時期烏克蘭
哥薩克叛離運動正如火如荼的展開，波蘭與俄國、瑞典同時發生
戰爭，連遭敗績，波蘭國勢從此由盛轉衰。

㈠烏克蘭哥薩克的叛變

　　哥薩克危機是「大洪水」的開始。所謂「哥薩克」，就是指十
五世紀末年以後在南俄草原帶形成的一個特殊社會。大致分為三
區：東為烏拉河的哥薩克 (Ural Cossacks)，在裏海東北岸一帶；
二為頓河的哥薩克 (Don Cossacks)，在頓河中下游流域；三為第

---

❹　「大洪水」典故出自波蘭著名小說家、1905 年諾貝爾文學獎得主顯克
　　維支 (Henryk Sienkiewicz) 的歷史小說書名 *The Deluge*，內容描述十七
　　世紀中葉波蘭人抵抗異教徒侵略的故事。

聶伯河下游的哥薩克 (Dnieper Cossacks)，又稱之為烏克蘭哥薩克
(Ukrainian Cossacks)，烏克蘭 (Ukraine) 原意就是「邊區」的意
思。當時烏克蘭屬於波立聯盟。

　　哥薩克社會的組成分子，是一批不堪俄國、波蘭地主貴族剝
削或宗教迫害而南逃的農民，他們以打獵或劫掠為生，成群結隊，
行跡不定，對一切政治、經濟、社會、宗教性的權威，皆持反叛
態度，嚮往自由，不受約束，財產公有，最初頗有原始共產社會
的意味。他們攻擊打劫的對象並不固定，時而騷擾南方克里米亞
半島上的蒙古人或土耳其帝國的北疆，時而騷擾北方的莫斯科公
國或波立聯盟。有時也採取「聯夷制夷」的政策，與任一政府合
作，攻擊另一個政府。立場游移不定，並無特定的效忠對象。反
之，各方政府也常利用哥薩克的武力，協助邊防。

　　波蘭政府自十六世紀末起，即常利用烏克蘭的哥薩克為邊防
武力，協助抵禦土耳其。後來又進一步將其收編，成為「註冊的
哥薩克」(Registered Cossacks)。「盧布林聯合」以後，波蘭的地主
貴族和天主教會的勢力進入烏克蘭，他們一方面想推行農奴制度，
一方面想把信仰東正教的烏克蘭哥薩克轉變為天主教徒。在西吉
斯蒙德三世當政時期，曾於 1596 年在布列斯特 (Brest) 召開會議，
天主教與東正教各派代表參加，史稱「布列斯特之聯合」(Union
of Brest)，其所產生的教會，稱為「聯會教會」(Uniate Church)，
准許烏克蘭哥薩克人仍然可保留東正教的教義和教儀，維持原有
的教階制度，教士亦仍准許結婚，但須承認羅馬教宗為教會的最
高領袖。此一妥協方案如能忠實履行，尚可相安無事，但是狂熱

而又高傲的波蘭天主教士，鄙視東正教徒和聯合教派的信徒，雙方的仇視和衝突隨之升高。

　　1648 年「三十年戰爭」結束，而東歐的長期戰亂即於同年開始。那一年，波王瓦迪斯瓦夫四世（Władysław IV，1595～1648，1632～1648 在位）逝世，其弟約翰二世‧卡齊米日（Jan II Kazimierz，1609～1672，1648～1668 在位）繼位，波蘭的「大洪水時期」就是從這個時候開始。

　　揭開「大洪水」序幕者是烏克蘭哥薩克的叛離運動。烏克蘭哥薩克位於第聶伯河下游，正處於波立聯盟、俄國及土耳其三國之間，情況一向不穩定。波王曾經召見當時的哥薩克領袖契米爾尼斯基 (Bohdan Khmelnytsky)，加以籠絡，原本計畫利用這支力量南征土耳其所屬的克里米亞韃靼汗國。但波王的南征計畫被西姆否決，契米爾尼斯基以為波蘭毀約，憤而反叛，但又被波蘭擊敗，於是向俄求助，進而表示效忠。莫斯科公國長久以來一直想要報復波蘭入侵的仇恨，於是立即接受哥薩克的求援，出兵對波作戰。

　　波蘭和俄國戰爭的同時，也忙於抵抗瑞典的入侵，因此無法全力應付對俄作戰，最後於 1667 年被迫簽訂《安德魯索夫沃停戰協定》(*Truce of Andrusovo*)，此後波立聯盟失去了烏克蘭的大部分土地。雙方約定：

　　⑴烏克蘭分為東西兩半，以第聶伯河為界，東半部劃歸俄國，西半部仍屬波蘭。基輔城雖在河西，但由俄國暫時管理兩年。
　　⑵白俄羅斯之斯摩稜斯克等地割予俄國。

(3)波蘭收回被俄軍占領的利沃尼亞南部和波羅茲克
　　(Polotsk)。

㈡瑞典入侵，北波蘭淪陷

當波蘭正在應付哥薩克叛亂和俄國入侵的同時，瑞典於 1655
年乘機南下，瑞王查理十世（Charles X Gustav，1654～1660 在位）
的海陸兩軍，攻占波蘭北部，華沙與克拉科夫均陷入敵手，波王
逃往南方的西里西亞，幾乎要使波蘭面臨亡國之危，但在契斯托
科瓦（Częstochowa）的迦斯那‧戈洛修道院（Jasna Góra Monastery）
保衛戰中，竟獲得奇蹟式的勝利，而逐退了瑞典人，於是波蘭人
便相信這是聖母瑪麗亞的庇佑，該修道院後來成為波蘭的宗教聖
地。然而，這一場小勝利除了宗教上的意義外，實質上並未解除
危機，在後來的幾年內，不但北方威脅仍在，同時亦有來自東方
俄羅斯及最令基督徒畏懼的土耳其人之挑戰，頓使波蘭人腹背受

圖 15：聖母瑪麗亞的像　波蘭人將迦斯
那‧戈洛修道院視為聖地，國王宣布聖
母瑪麗亞為波蘭永恆的女皇。十八世紀，
肆虐歐洲各大城市的瘟疫並未波及華
沙，於是大批華沙市民前往此一修道院
朝拜，感念聖母使其免於災難。從此一
年一度的朝聖便成為波蘭天主教的最大
特色。院中供奉的聖母及聖嬰像年代久
遠，於 1382 年出土，被供奉為神物，是
波蘭天主教的精神象徵，也可見波蘭人
的宗教信仰乃徹底和民族主義融合。

敵。直至 1660 年，波瑞停戰且簽訂《奧立瓦條約》(*Treaty of Oliva*)，波蘭將利沃尼亞割予瑞典，並宣布放棄對於瑞典王位的要求。布蘭登堡選侯亦乘機迫使波蘭同意放棄它對東普魯士的宗主國地位。

㈢王位爭奪戰

瓦薩王朝於 1668 年結束，自此時起至 1772 年第一次瓜分為止，一百多年期間，王位更動了七次。在這些國王當中，除了蘇別斯基（Jan III Sobieski，1629～1696，1674～1696 在位）一人之外，其餘皆是強權國家的附庸。

蘇別斯基出生於克拉科夫，早年亦曾遊歷西歐，為典型的波蘭貴族，是一位難得一見的偉大軍事天才，輝煌的戰果使其順利登基為王，被尊為「土耳其人的征服者」。重要的一次勝利在 1683 年，當土耳其人已兵臨維也納時，蘇別斯基聯合神聖羅馬帝國之軍隊擊敗土軍，不但解了奧地利之圍，也挽救了整個歐洲文明免於受伊斯蘭帝國之征服。當他凱旋榮歸時，人們彷彿看到中古騎士精神復生；在內政方面，他仍延續文藝復興的傳統，並採行宗教容忍政策，保護新教徒和猶太人，且大力引進法國和義大利文化，使自由人文氣息瀰漫全波蘭。

但後世在探討蘇別斯基的功績時，曾有研究學者持不同的意見，他們指出，蘇別斯基不應在解救奧地利之後，又聯合神聖羅馬帝國之軍隊，對土耳其長期作戰。因為在後續的戰爭之中，波蘭為此付出了極大的代價，而獲益無多，真正獲益者為奧國與俄國。奧國轉危為安，俄國則增加了另一片領土，奧、俄兩國因此

更為強大，成為侵略波蘭的強權。

　　蘇別斯基的逝世，使波蘭的短暫勝利也隨之結束，接著君王的選任就完全受制於俄、法、奧、普諸國強權的意志了。其後選出的諸王大多懦弱無能，內政上完全由札托裡斯基 (Czartoryski) 和波托基 (Potockis) 兩個相互敵對的家族所左右。前者較富自由與改革精神，力主建立中央極權體制，但卻屬親俄派；後者保守而強調削弱王權，而較主張獨立自主。但此些貴族大多傲慢自大，且拒絕擴大參政權到新興市民階級，因為他們鄙視工商業，若需要這些新產業，寧可求助於居住都市的猶太人。當時，波蘭比大多數歐洲國家更寬待猶太人，故雙方維持良好之經濟互賴。除了貴族之外，國內另一股強大的保守勢力來自天主教士，他們自命為民族文化的護衛者，經常拒絕改革，且時有發生迫害異教之事端，終於發生各國干涉內政的嚴重後果。

　　在蘇別斯基逝世的這段黑暗時期裡，爭奪王位者多達十八人，最後由俄國支持的日耳曼薩克森 (Saxony) 選侯以賄選進而當選，是為波王奧古斯都二世。其後不久，鏖戰多年的反土戰爭勝利結束，簽訂《卡爾洛夫奇和約》(Peace of Karlowitz, 1699)，土耳其將侵占多年的波多利亞 (Podolia) 和烏克蘭西北部歸還波蘭。

　　波蘭久經戰亂，原可暫時得到和平以休養生息，但是 1700 年的「大北方戰爭」(Great Northern War, 1700～1721) 爆發，波蘭又捲入戰團之中，與俄國及丹麥結盟對瑞典作戰。這是一個對波蘭毫無意義的戰爭，自 1660 年《奧立瓦條約》以後波、瑞已無爭端，此時波蘭最大的敵人並非北方的瑞典，而是東方的俄國。

　　大戰初起，瑞王查理十二（Charles XII，1697～1718 在位）在輕易擊潰丹麥之後即移師波蘭，對波造成極大的損害。在瑞典占領期間，扶植了萊什琴斯基（Leszczyński，1677～1766，1704～1709、1733～1736 兩度在位）為波蘭國王。直到查理十二被俄國擊敗以後，萊什琴斯基也隨之下臺逃往西歐。奧古斯都二世乃在俄國支持下重登王位 (1709～1733)，波蘭政局因此被俄國所控制。1717 年，波蘭的西姆在俄軍包圍下，宣誓通過議案，對本國的財政軍事自我設限，完全接受俄國宰割，在此期間，西姆從來沒有反抗的言論，史稱「沉默的西姆」(The Silent Sejm)。

　　奧古斯都二世死後另選波王，此時萊什琴斯基之女已嫁給法王路易十五為后，萊什琴斯基在法國大力支持下重登波蘭王位，於是引發「波蘭王位繼承戰爭」(1733～1738)。萊什琴斯基被推翻，改由俄、普支持的奧古斯都三世（August III，1696～1763，1734～1763 在位）即位。波蘭在薩克森王朝六十餘年 (1697～1763) 的統治之下，為低潮時期。不僅一切改革皆無法進行，甚至兵力也在重重限制下逐漸削減，到了十八世紀中期已無法與強鄰相抗衡，瓜分的危機就此顯現。

波蘭被瓜分與復國

第四章 | *Chapter 4*

波蘭的三次瓜分

第一節　第一次瓜分

一、被瓜分的原因

　　波蘭被瓜分的原因，除了外有鄰國的野心侵略外，波蘭的內在也有缺失，而比較普遍的看法是當時波蘭政治體制中存在著弊端，包括自由選王制度、自由否決權的運用，均容易使國家運作遭到嚴重干預，加上王位爭奪戰後的政局衰敗及波蘭的地理、歷史背景，最終導致了國家的衰亡。

㈠無天然屏障、國防脆弱

　　波蘭不僅在政治制度上有重大缺失，國防也積弱不振。波蘭沒有英國的富有和四面環海的天然屏障，也沒有山脈構成的屏障和確定的邊界，且鄰國是與之敵對並虎視眈眈覬覦著其領土的俄羅斯、普魯士、奧地利這三大國，一旦強敵壓境，波蘭根本毫無

抵抗能力。關於波蘭的狀況和處境，史學家威爾斯 (Herbert Wells) 是這樣說的：「一個貧窮的、天主教的、內陸的不列顛，完全被敵人而不是海洋包圍著。」尤其在俄國干涉下，1717 年俄軍「建議」波蘭將軍隊減少至兩萬多人，到了奧古斯都三世時，更減少到一萬以下。

㈡民族、宗教混雜

在波蘭除波蘭人外，還有大量的白俄羅斯人、烏克蘭人（聚居於東部各省）和日耳曼人（聚居於西部各省及但澤地區）；而波蘭主要的宗教為天主教，但白俄羅斯和烏克蘭人都信奉東正教，日耳曼人則為路德教派，這些非天主教的少數分子被稱為「異教分子」，正是普、俄兩國鼓勵或煽動的對象，他們常以保護少數民族免受宗教迫害為藉口，干涉波蘭內政。

㈢諸侯貴族地方割據

十八世紀中葉，波蘭的封建制度所造成的危機，以及無政府狀態發展到巔峰，而使中央政權癱瘓、邊防空虛、國力衰弱，並且沒有中產階級作為國家發展的基礎，大多數百姓的土地、財產都被貴族巧取豪奪；所有軍中將領皆被貴族把持，用金錢買賣官職，將已經脆弱不堪的國防逼上絕路，由於國內貴族腐敗與分裂，才使俄國有機可趁。

㈣普、奧、俄之覬覦

波蘭東鄰的俄國視波蘭為其通往西歐的障礙，因此在大北方戰爭後，俄國成為波蘭最大的侵略者。彼得一世（Peter I，1682～1725 在位）及凱薩琳二世（Catherine II，1762～1796 在位）先後

全力擴張領土，國勢如日中天。俄國的迫切目標是南進抵達黑海，耕作南烏克蘭的富庶田地，並發展對外貿易，但這一切都不可能達成，因為向土耳其稱臣的克里米亞韃靼人控制著黑海北岸。基於民族與宗教理由，俄國在波蘭的目標，是企圖合併基本上屬東正教的白俄羅斯與西烏克蘭，並且避免西鄰的可能侵入。

　　西鄰的普魯士是正當腓特烈二世 (Frederick II，1740～1786 在位) 時代，在奧國王位繼承戰爭 (1740～1748) 及七年戰爭 (1756～1763) 結束後，已取得西里西亞，便希望更進一步，將西疆的布蘭登堡與懸隔東方的東普魯士連為一體，彼此東西呼應，形成對波蘭的包圍。

　　南鄰的奧地利，瑪麗亞‧德瑞莎 (Maria Theresa) 與約瑟夫二世 (Joseph II) 母子勵精圖治，正圖向外擴張，以補償戰爭的失地。1763 年時，俄、普簽訂祕密防禦協定，聯合保證波蘭王位選舉的自由權，並確保波蘭現行的憲法與基本法，但此舉引起法國與奧地利的不滿。

　　1767 年凱薩琳二世與腓特烈二世通過他們駐華沙的大使，要求波蘭議會通過《異教徒權利平等法案》。1768 年波蘭議會在俄軍的包圍下，通過了此項法案，以及更為重要的「基本法」，來維持自由否決權制度與自由選王制。

　　1768 年議會決議除了使改革受挫外，也引起廣大貴族的不滿。同年 2 月 29 日，在波多利亞的巴爾建立了一個由天主教貴族組成的同盟──巴爾聯盟 (Bar Confederation)，希望得到土耳其與法國的支持。土耳其不滿俄國對波蘭的干涉，在法國的支持與慫

恿下，決定幫助巴爾聯盟。此聯盟的政治目標非常保守反動，既反對俄國，也反對國王與異教徒。由於只擁有兩萬軍隊，經不起俄國大軍的攻擊，此時的波蘭不僅面臨巴爾聯盟的挑戰，烏克蘭亦發生大規模農民革命，波蘭遂與俄國共同鎮壓。1768 年 6 月，俄軍大敗巴爾聯盟，在追趕過程中侵犯了土耳其邊境，焚燒巴爾塔城。土耳其要求俄國從波蘭撤軍，並取消《異教徒權利平等法案》，遭俄國拒絕，後爆發俄土戰爭 (1768～1774)。

　　此時波蘭議題與土耳其問題纏在一起，俄國雖未備戰，凱薩琳二世則堅信必勝，因為她的部隊在訓練、裝備與指揮上較為優越。俄軍侵入多瑙河畔的親王國摩拉維亞 (Moldavia) 與瓦拉幾亞 (Wallachia)，使他們大致擺脫土耳其的統治。凱薩琳二世利用巴爾幹的基督徒對抗土耳其人，煽動他們反叛，一支有英國軍官諮詢的俄國艦隊也在契斯美 (Chesme) 與昔奧 (Scio) 擊敗土耳其人，但巴爾幹基督徒的起事失敗。俄軍攻陷亞速與塔西洛洛 (Taganrog) 之後，占領克里米亞，節節勝利。

　　俄國在波蘭與土耳其的勝利，引起普、奧的擔憂。對普魯士而言，其不願俄國過分強大，也不願承認 1764 年所簽訂的《俄普同盟條約》中，每年需向俄國付款的義務，並急欲兼併將普魯士與其本土隔開的波蘭領土；對奧地利而言，俄國的勝利會危及其在巴爾幹的利益，俄國利用宗教問題對波蘭進行干涉，也會引起奧地利國內東正教徒的反應。此時約瑟夫二世主張對俄宣戰，但女皇瑪麗亞・德瑞莎則主張透過外交途徑解決與俄國的衝突，在此情況下，腓特烈二世提出三國瓜分波蘭的建議，俄國雖有獨吞

圖 16：在瓜分會議中，有位波蘭議員突然倒地，說：寧可死也不願看
到簽署這份如此屈辱的文件。

波蘭的野心，但因正陷於俄土戰爭中，因此只好同意此瓜分方法。
1772 年 8 月 5 日，俄、普、奧三國在彼得堡簽訂瓜分波蘭的條
約，凱薩琳二世聲稱這次瓜分是為「恢復波蘭的和平與秩序」。

㈤「瓜分」的風潮

　　十八世紀中，「瓜分」已成為一時的風潮，例如西班牙王位繼
承戰爭造成西班牙屬地的瓜分；大北方戰爭的目的在於瓜分瑞典
屬地；而奧國王位繼承戰爭及七年戰爭造成奧國與法、西兩國領
土的分割。至於瓜分波蘭的計畫，早在十四世紀就不斷被提出，
波王約翰二世・卡齊米日於 1661 年時更曾預言，將來瓜分波蘭的
必是俄、普、奧三國，百餘年後，果然不幸言中❶。

---

❶　其曾預言，「濫用如此的自由」會導致周邊大國來瓜分波蘭，說：「但
　　願上帝能證明我是一個偽預言家！但是，我要告訴你，假如你無法為

Poland

二、瓜分情形

　　在第一次俄、普、奧的瓜分領土當中，俄國占領範圍為西德維納河、德魯奇河和第聶伯河之間的白俄羅斯（包括里夫蘭省、波羅茲克省北部、維帖布斯克省、姆什切斯拉夫省和明斯克省的東南部）以及部分拉脫維亞，面積共九萬二千平方公里、人口有一百三十萬；普魯士占領瓦爾米亞、除格但斯克市以外的波莫瑞省、除托倫市以外的海爾姆諾省、馬爾博克省，其面積占了三萬六千平方公里、人口有五十八萬；而奧地利則占領維斯瓦河和桑河以南的克拉科夫省、桑多梅日省的南部和加里西亞大部分（包括利沃夫和波多利亞、沃倫的一部分），面積有八萬三千平方公里、人口最多，占了兩百六十五萬。

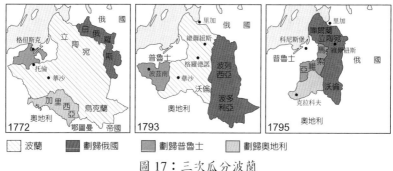

圖 17：三次瓜分波蘭

現下的罪惡（指自由否決權）找尋救藥，那麼共和國將成為外敵的戰利品。莫斯科人將會分離我們的俄國巴拉丁那人，普魯士將會掠奪大波蘭，奧地利將會全力攻下克拉科夫。每個大國寧願來分解波蘭，也不願讓它保持成為一個整體。」

　　瓜分前，波蘭的領土為七十三萬平方公里，人口一千一百五十萬。第一次瓜分後，波蘭喪失了約 30% 的領土，減少約 35% 人口；瓜分後全國只剩領土五十二萬平方公里，人口七百五十萬。跟當時歐洲國家相比，波蘭仍然是個大國，人口多於英國（不包括蘇格蘭和愛爾蘭），領土接近法國。由於喪失了北方出海口、南方肥沃土地和人口稠密地區，波蘭的經濟發展受到嚴重限制，且更加處於三鄰國的包圍。

第二節　第二次瓜分

　　第一次瓜分後，依照三個瓜分國家所擬定的新憲法，除國王將由選舉產生、貴族仍保留「自由否決權」之外，並置「常設委員會」(Permanent Council)，由議會選出三十六人組成，國王主持，其目的在於限制王權，但波蘭經瓜分後，反露生機。

　　1763 年奧古斯都三世病故時，俄國凱薩琳二世選中波蘭貴族波尼亞托夫斯基（Poniatowski，1732～1798，1764～1795 在位）為國王候選人。1764 年，在俄軍包圍下，波蘭議會選舉波尼亞托夫斯基為國王。新國王學養頗豐，曾遍遊維也納、巴黎、倫敦等地，深受當時啟蒙思想的薰陶，他希望在凱薩琳二世及札托裡斯基家族的支持下，實行改革，消除弊政。而這時對國家有著高度的認同，帶有反權威、反專橫，追求自由的民族性格的波蘭人，為追求強化波蘭國力，各方紛紛支持國王從事漸進的改革。波王在「週四餐會」(Thursday Dinners) 中，網羅一批傑出的知識分子

參與國事，進行維護國家獨立、強國攘外的愛國運動，故當時有「詩人王國」(Kingdom of Parnassus) 之稱。

一、催生《五三憲法》

隨著啟蒙運動思潮催化的影響，波蘭發起杜絕強鄰環伺之苦的自強革新浪潮，《五三憲法》在這樣的背景之下催生，似乎是勢所當為。這一次的制憲除了為後代波蘭民族志士所歌頌，視其為波蘭民主的神聖標竿之外，也是世界上第一次將各家理論落實於本國憲法法典之舉。然而，此次的改革卻使得波蘭遭逢自 1772 年第一次瓜分後，再一次受到周遭列強的覬覦，這是改革派的愛國志士們萬萬沒有料想到的。

改革派中的兩位代表人物分別為斯坦尼斯拉夫·斯塔斯齊克 (Stanisław Staszic, 1755～1826) 與胡果·科翁泰 (Hugo Kołłątaj, 1750～1812)。斯塔斯齊克出身市民家庭，主張加強王權，實行王位世襲制，廢除自由否決權，實行多數通過的投票方式，並主張市民與貴族共同組織議會；商業方面主張增加軍隊以保護工商業發展與實行保護關稅制度。他認為波蘭之所以積弱不振，原因在於農民受大貴族的壓迫，因此主張廢除勞役、改善農民地位、實行代役租制。科翁泰出身中等貴族，四年議會 (1788～1791) 期間為愛國領袖，並為《五三憲法》作者之一，主張農民應有人身自由。這兩人的政治觀點十分相近，反映了中等貴族與市民的利益。

改革派意圖利用有利的國際態勢，讓三個瓜分國專心於彼此的衝突上，也希望利用普、奧間的領土衝突，來要求普魯士協助

奪回被奧地利瓜分的土地。而國王波尼亞托夫斯基則寄望俄國支
持波蘭的改革，並要求俄國對波蘭領土完整與獨立作出保證，但
遭俄國大使拒絕。

　　1788 年波蘭—立陶宛王國議會正式在華沙揭開序幕，此次的
議會一共歷時四年，對國家制度實行了根本的改革，史稱「四年
議會」。1789 年法國革命爆發，影響了波蘭國內的情緒，經由華
沙市長的號召，同年 11 月，一百一十四個城市的市民代表，穿著
黑衣齊聚華沙，在王宮及議會大廈前舉行黑衣遊行，提出市民政
治的要求。1790 年 4 月，議會通過把軍隊擴增至十萬人的決議，
並且為了維持軍隊開支，還通過增加稅收的決議，對貴族課以
10%、教會 20% 的所得稅，同時增加城市的所得稅。1791 年 3 月
24 日，議會通過關於地方議會的議案，剝奪無地貴族參加地方議
會的權利，由於無地貴族往往被大貴族所收買，成為破壞議會改
革的工具，此案可減少大貴族的影響。1791 年 4 月 18 日，議會
通過關於城市權利的議案，滿足黑衣遊行所提出的要求，包括：
市民人身之不可侵犯，有權購買土地、擔任政府公職、參加議會
政治、接受貴族稱號等權利，此案使市民獲得與貴族一樣的政治
地位。

　　1791 年 5 月 3 日的改革立憲，為首次由波蘭社會各階層派代
表共同參與制訂，使得波蘭由貴族掌握立法和國會的形式，轉變
成為以貴族和資產階級參政的君主立憲國家，頗富民主精神。此
憲法首先改變了農民的地位，憲法宣稱「農民將受到法律和國家
政府的保護」，限制了封建地主的剝削。其次，對國家制度規定：

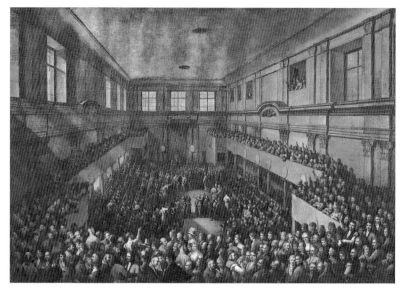

圖18：簽訂《五三憲法》

廢除自由否決權，實行多數表決；廢除了令覬覦波蘭領土和利益
的周邊強國有機可趁的「自由選王制」，改行世襲制，正式確立了
王位繼承制度；實行三權分立：立法權歸由兩院組成的議會，行
政權歸國王及其任命之內閣，司法權歸由法院。國王有指揮全國
軍隊及任命文武大臣的權利；沒有議會同意不得制定法律或締結
條約；國王頒布之法令須有相關大臣之簽署；天主教被宣布為國
教，但憲法保障宗教自由。

　　《五三憲法》得到全國人民熱烈迴響，可以從國王宣示效忠
憲法當天，所出現的熱鬧慶祝場面看出，波蘭人民不僅對鄰國瓜
分行為的不滿，以及力求實現波蘭獨立並免遭列強侵略的願望。

憲法的實施可消除封建無政府狀態，加強中央集權，有利國家統一與獨立。恩格斯 (Friedrich Engels) 因而給予這部憲法相當高度的評價，認為這是在維斯瓦河兩岸豎起了法國革命的旗幟，波蘭的舊秩序與陋習從此被消除。然而這些設計，卻相對的觸怒波蘭國內保守派分子，由於這些人為該國特權的既得利益者，《五三憲法》使得其原有利益受到侵害，在保守勢力的反彈下甚至導致波蘭第一共和結束，慘遭瓜分。

二、第二次瓜分

第一次瓜分後在波蘭引起各項改革運動，可是對波蘭的鄰國來說，並不希望波蘭因此走向強大。尤其俄國凱薩琳二世視波蘭的愛國革新運動為「革命瘟疫」，因此處心積慮地要密謀武裝干涉波蘭。

根據人民和愛國貴族的推動與要求，波蘭議會通過了今後不割讓波蘭一寸領土的《國土完整議案》和《五三憲法》，自然引起俄國等既得利益國的仇視和恐懼，深怕波蘭強大後會損其自身利益。然而，由於俄土戰爭 (1787～1792) 的關係，當時的俄國無暇對波蘭的改革有所置喙，直到 1791 年俄國黑海艦隊大勝土耳其艦隊，完全取得黑海北岸的控制權，簽訂了《雅西和約》(*Treaty of Jassy*) 之後才有餘力。而波蘭國內反對《五三憲法》的大貴族也不甘心自己的失敗，宣稱要捍衛「黃金一樣的自由」。因此他們雙方勾結，波蘭保守貴族得到俄國的支持，於 1792 年 4 月 27 日在塔爾哥維查結成同盟 (Targowica Confederation)，發動叛亂。在這

些波蘭保守分子的策應下,十萬俄軍長驅直入,同年 5 月 18 日,俄國的十萬大軍應塔爾哥維查同盟的「邀請」,開始對波蘭進行武裝干涉。在普魯士軍隊的配合下,7 月底,俄軍就擊敗了頑強抵抗的波蘭軍隊,占領華沙。接著建立了由保守派貴族組成的親俄傀儡政府,《五三憲法》遭到廢除,四年議會的成果遂在瞬間化為烏有。

在鎮壓波蘭國內的改革運動和反抗運動後,俄、普兩國於 1793 年 1 月達成第二次協議,強行瓜分波蘭部分領土。奧地利因正忙於和法國作戰,想奪取巴伐利亞,未能參加。波蘭國王波尼亞托夫斯基無意抵抗,因此向俄軍投降,俄軍占領華沙,建立了由塔爾哥維查分子組成的政府。

俄、普二國就在彼得堡簽訂了第二次瓜分波蘭的協定。協定使俄國割據了德魯亞─平斯克─茲布魯奇一線以東的烏克蘭和白俄羅斯地區、立陶宛的一部分、明斯克省、維爾紐斯省、基輔省、勃拉茲拉夫省、波多利亞省、波倫省的東部以及立托夫斯克─布列斯特省的一部分,共計面積二十五萬平方公里,人口三百萬;普魯士獲得格但斯克和托倫兩城市,以及大波蘭的幾個省(波茲南省、格涅茲諾省、卡利什省、塞拉茲省、伊諾弗羅茲瓦夫省、庫雅維亞──布列斯特省、波羅茲克省、多布任地區、拉維奇省的一部分)和馬佐夫舍地區的一部分,共計面積五萬八千平方公里,人口一百一十萬。

經過兩次瓜分,波蘭成為一個僅剩約二十萬平方公里和四百萬人口的小國。近三分之二的領土被併吞,波蘭其餘未被瓜分的

領土實權，實質上也由俄國駐波蘭大使所掌控，波蘭淪為附庸國，不復為一個獨立國家。1793 年 6 月 17 日，遠離革命中心的格羅德諾在俄軍的包圍下，召開了波蘭貴族共和國的最後一次議會。儘管議員作出反抗或不作表決的抗議行動，最後俄國大使還是以沉默即表示同意為由，使第二次瓜分波蘭合法化。普、俄兩國不准波蘭軍隊超過一萬五千人，且未經沙皇許可，波蘭國王不得與外國宣戰、媾和，此時的波蘭已名存實亡。

三、《五三憲法》所代表的意義

　　總體來說，波蘭此次改革對於波蘭人民所留下的是亙古的，好比前波蘭總統亞歷山大・克瓦希涅夫斯基（Aleksander Kwaśniewski，1954～，1995～2005 在位）在其任內，慶祝波蘭《五三憲法》制憲第兩百一十一週年時的談話提到：「《五三憲法》的意義主要在於對國家大事可以相互理解，可以克服各種困難，並且可以使得各民族的目標達成協議。」儘管當時遭到被侵占的挫敗，以現在的觀點來看，《五三憲法》也已經不符人類社會的核心價值，以及各民主國家主要運作制度下的基本架構，但它仍是波蘭人民的驕傲，《五三憲法》所象徵的意義大於實質訂定實施後對於波蘭人民的影響力，它象徵著波蘭人民對自由、正義及榮耀的奮鬥與努力。

　　《五三憲法》是由貴族與新興的資產階級這些在當時社會居於優勢，甚至擁有特權的階級人士所發起與撰寫，這些憲法的起草人將政府視為爭取全民共同利益，維護波蘭國土完整，以及富

國強兵，爭取國家主權的服務機構。儘管他們在社會上，已經屬於居於優勢的一群，但他們卻已深刻體認到，相對於僅為少數人的利益著想，政府更應該以牟取整個國家的財富與資源，而不是少數維護既得利益者的權勢，犧牲掉國家和人民全體的利益。就因為抱持著這個信念和理想，外加當時知識分子的革命進步思潮影響，他們奉獻自己的金錢與財力，就是期待能換取自由獨立且完整富強的國家。1791 年 5 月 3 日所通過的這一部波蘭憲法便是此一理念的具體縮影，描繪出人民的義務與責任才是真正的自由根基。

因此《五三憲法》反映出獨一無二的波蘭精神，即便是任何艱難困頓的環境，不論有多少阻礙，也要義無反顧地尋求真理與正義，追求國家真正的獨立與富強。若波蘭這些有識之士，沒有藉由這一部憲法具體的表現出這份精神，波蘭就非常可能無法在經歷整整一百二十多年他國的統治後，仍堅持信念地存活下來，仍保有自己國家民族的驕傲與堅持，而這份精神更支持著波蘭熬過長期的共產主義壓迫，甚至推動改革，激化了自己和東歐諸國進行一波波脫離舊共產社會桎梏的改革。

第三節　第三次瓜分

一、瓜分原因

第二次瓜分後，俄國派兵到處鎮壓起義，大批愛國志士流亡

至薩克森並成立「救國黨」，決定發動大規模武裝起義，以挽救垂危的祖國。 推舉在第二次瓜分中擔任第三軍團長的科修斯古 (Tadeusz Kościuszko, 1746～1817) 為領袖， 他的主要理想在保持祖國波蘭的獨立。他曾說過：「我不能只為貴族而戰，我希望整個民族獲得自由，也只有為了整個民族我才獻出自己的生命。」

　　當時歐洲情勢對波蘭是不利的。俄、普、奧、英和瑞典結成反法同盟；土耳其被俄國打敗，在歐洲的領土被兼併，力量大為削弱。 1793 年初，科修斯古到法國請求協助，法國表達支持立場，但並未有具體援助，所以愛國志士只能依靠自己的力量抵抗俄國。科修斯古親自偵查軍情並擬定嚴密的作戰計畫，但波蘭的傀儡政府卻處處配合俄軍鎮壓起義，波尼亞托夫斯基完全變成俄國的應聲蟲。

　　1794 年 3 月 24 日，在波蘭克拉科夫爆發了起義。起義軍的成員多以農民為主，他們以鐮刀、梭標（裝有長柄的單尖兩刃刀）

圖 19：科修斯古起義

打擊敵人，組成了多支鐮刀軍。5 月 7 日，為了繼續動員農民參戰，科修斯古頒布法令，宣布改革國家的土地制度，法令規定：農民受政府保護、農民有人身自由，在償付地主債務和國家稅款後，得以離開莊園、減輕農民勞務等。但由於許多貴族的聯合抵抗與破壞，使上述法令無法徹底實行；另一方面的問題，在於科修斯古無法有效防止貴族的抵制，進而導致起義失敗。

雖然起義軍一度擊潰俄軍，光復首都華沙，然而俄軍派遣大將斯瓦羅夫鎮壓起義；普、奧兩國的軍隊也入侵波蘭，從東西兩方包圍華沙；奧地利也從南部進攻波蘭。由於軍力相差懸殊，克拉科夫被普魯士軍攻占，科修斯古也在 1794 年 10 月 10 日一場與俄、普聯軍的大戰中被俘。俄將斯瓦羅夫放火燒華沙城並毀掉對外大橋，對起義者和平民進行了大屠殺，波蘭的領袖人物被監禁、流放，波蘭國會出面向俄軍投降。

二、瓜分過程

1794 年 7 月，戰爭還未結束之際，俄、普、奧三國就開始了瓜分波蘭的談判。這次談判創始者是奧地利，並表現出最大的野心。奧地利沒有參與第二次的瓜分，而且也沒有從巴伐利亞獲得領土，所以希望從第三次瓜分獲得補償。普魯士在華沙的失敗與俄國的成功，使得普魯士在此次瓜分中陷於孤立地位，在與奧地利爭奪克拉科夫的衝突上，因奧國反法戰爭有功，故凱薩琳二世支持奧國對克拉科夫的要求。

1795 年 1 月 3 日，俄國與奧地利簽訂第三次瓜分協定，普魯

士只好接受既成事實，並於 10 月 24 日簽署協定。至此，存在了八百多年的波蘭，被瓜分完畢。至於失去了王國的波尼亞托夫斯基則被送到了彼得堡，成為凱薩琳二世的囚犯，1796 年 11 月凱薩琳二世去世，他又被遣送回波蘭的哥羅多度過晚年，1798 年 2 月 12 日，以六十六歲的年齡去世，結束了在位三十一年的內憂外患生活。

三、失　地

　　根據該協定，波蘭領土被全部瓜分。俄國吞併了立陶宛、庫爾蘭、西白俄羅斯和沃倫西部，把邊界推進到涅曼河至布格河一線，共十二萬平方公里，人口一百二十萬；奧地利占領了包括克拉科夫、盧布林在內的全部波蘭和一部分馬佐夫舍地區，共四萬七千五百平方公里，人口一百五十萬；普魯士奪得其餘的西部地區、華沙、其餘部分的馬佐夫舍地區，共五萬五千平方公里，人口一百萬。

　　概括在三次瓜分波蘭的過程中，俄國奪占的領土約占原波蘭領土的 62%，共約四十六萬多平方公里；普魯士奪占約 20%，共約十四萬一千一百平方公里；奧地利奪占約 18%，共約十二萬一千八百平方公里。經歷這三次瓜分之後，波蘭亡國，從歐洲地圖上消失長達一百二十三年之久。

四、國際對瓜分波蘭之態度

　　很多當時進步的思想家，稱頌瓜分波蘭是開明君王的一大成

就，它結束了一個古老令人厭惡的怪物。三個參加瓜分的勢力，都以不同理由來掩飾他們的行為，甚至認為瓜分的行動化解了彼此之間的戰爭，是一次外交成就。此外也認為波蘭的瓜分解決了國際間對立和戰爭的舊端，使廣大東歐地區的無政府的狀態，有了強固的政府。

在英國，愛德蒙‧伯克 (Edmund Burke) 在第一次瓜分時，就預測到舊的國際秩序將遭到破壞，他的批判一針見血。過去借助均勢的原則來維持歐洲列強的獨立，確保弱小國家對抗統一大國；如今均勢卻被用來摧毀一個古老而衰弱的王國。

此外，由於歐洲當時正值啟蒙時期，西歐各國也逐漸有人權及民主的意識，國內政體與制度也正在面臨一場無法預知的轉型過程，而無暇顧及位處較遠的波蘭。再者，對於波蘭這樣一個受均勢強國包圍的環境而言，儘管有些國家希望給予協助，也是心有餘而力不足的。

五、三次瓜分對波蘭的影響

由上述各項被瓜分的背景，可以概略歸納為下列幾點：政治上，國內貴族擁有自由否決權，能夠否定任何可能使其權利受損的法案，導致國內制度無法有效改革，在第一次瓜分前較為激進的改革，因為引起貴族不滿而失敗，到了第二次改革時，改革派為了政策得以順利推行，盡量不損害貴族原有利益，但依然逃不過貴族的反對。另外，由於波蘭國王是選舉產生，使列強更有機會操縱及影響波蘭國內政治；經濟上，農奴制度、封建制度限制

波蘭國內的商業發展，貴族將農業人口占為己用，生產力無法有效投入新興的工業與製造業上，造成發展的限制；軍事上，俄、普、奧的興起，有很大的原因是其君主以開明專制的態度治理，實行中央集權並積極發展軍力，除了增加軍隊人數外，還引進更好的武器與嚴格訓練制度。相較於波蘭的君主，由於國內政治環境的腐敗，沒有力量與資金來建立有效的反應部隊，只能受周圍列強的操控，註定了被瓜分的命運；從地理上來看，波蘭為一大平原並無天然屏障，故無法作有效的防備。

　　儘管瓜分波蘭被視為歷史上的悲劇，但以波蘭國內複雜種族及宗教來看，這未嘗不是件好事。例如在三次瓜分中，被俄羅斯奪取的地區，絕大多數的居民都是白俄羅斯人和烏克蘭人，其原本統治者主要是地主階級，難保在民族主義與民主主義興起後，國內其他族裔與農奴不會起而反抗，或許在那之後，波蘭依然難逃分裂之命運。

　　波蘭因為本身內在種種條件的不良，以及外在列強環伺而歷經多次瓜分，而從歐洲地圖上消失，但它始終存在波蘭人心裡，民眾為重獲獨立而進行的抗爭從未停息，數以百計的起義領袖被槍殺或流放西伯利亞，從此波蘭作為一個被征服的省份接受沙皇統治，並當成危險民族被強制俄羅斯化。波蘭固有文化受到嚴重摧殘，人們被強制信奉東正教、被禁止使用自己的語言。俄羅斯化的殘酷，從以下事實便可見一斑：十九世紀的波蘭有著輝煌的流亡文學，但波蘭人要瞭解自己的文學卻只能透過俄文譯文來實現。

　　可幸的是，波蘭人民的民族本色和民族意識從來沒有喪失和

消亡。在一百多年亡國的漫長的黑夜中，波蘭人民前仆後繼地進行爭取民族解放和國家獨立的鬥爭，不僅在波蘭歷史上，而且在歐洲民眾爭取民主自由的歷史上，寫下了可歌可泣的一頁。直到第一次大戰結束後，波蘭才終獲得復興和獨立。

第五章 | *Chapter 5*

十九世紀的革命運動

第一節　法國大革命後的衝擊

　　波蘭經過三次瓜分而亡國後，愛國志士或則流亡國外，或則在國內作困獸之鬥，復國熱情，始終熾烈。當時，在義大利北部有一支由波蘭流亡將士所組成的「波蘭兵團」(Polish Legions)，由科修斯古部將董布洛夫斯基 (H. Dombrowski) 率領，在拿破崙 (Napoléon Bonaparte, 1769～1821) 的指揮下協助法軍作戰，其後又有兩支兵團加入，合計約有二萬五千人。波蘭兵團有一首軍歌，與法國的「馬賽進行曲」齊名，日後即為波蘭國歌，其中有句云：「當我們一息尚存的時候，波蘭就仍舊存在。」

　　十九世紀初，拿破崙的崛起帶來了波蘭人民復國的希望。法軍於席捲西歐之後，轉向東歐，而東征之役有兩個高潮，一為1805～1807 年間，拿破崙向反法同盟作戰，他先是征服了奧地利與普魯士，並在波蘭大敗俄國軍隊。由於法軍攻擊的對象，正是

十年前瓜分波蘭的俄、普、奧,所以拿破崙稱此次戰役為「第一次波蘭戰役」(First Polish War)。

第二個高潮是 1812 年的征俄之役。1811 年末,法、俄關係已經開始惡化,俄國沙皇亞歷山大一世(Alexander I,1777～1825,1801～1825 在位) 拒絕繼續與法國合作對抗英國, 導致戰爭爆發。拿破崙率領五十萬大軍攻入俄羅斯。俄軍採取撤退不抵抗的戰略 (堅壁清野),直到 1812 年 9 月 12 日,法軍歷經焦土政策 (法軍有四十四萬人陣亡和重傷) 後,加上法國國內不安,令拿破崙不得不返回法國,最後回到法國的只有兩萬人,拿破崙稱其「敗給俄國冬天將軍」, 此戰役於是名為 「第二次波蘭戰役」(Second Polish War)。日後的二次大戰,德軍避免在冬天與俄國決戰,即是吸收拿破崙戰敗經驗予以修正。

在此兩次戰役中,波蘭兵團均曾參加作戰。他們始終效忠拿破崙,當其由莫斯科西撤之際,波軍擔任斷後阻敵的艱鉅任務,之後並曾參加萊比錫 (Leipzig) 及滑鐵盧 (Waterloo) 戰役,由此,建立了法、波兩國之間的深厚感情。

一、華沙公國

拿破崙的崛起為波蘭帶來了復國的希望,拿破崙的兩次征戰也為消失的波蘭再掀起另一波風雲。第一次波蘭戰役後,拿破崙建立了「華沙公國」(Duchy of Warsaw),任命薩克森王朝的腓特烈・奧古斯都一世 (Frederick Augustus I,1750～1827,1807～1813 任華沙公爵) 為元首,稱為「公」。

圖 20：莫德林堡壘 (Modlin Fortress)　位於維斯瓦河畔，是拿破崙軍隊駐紮處。

　　華沙公國的領土範圍由普魯士在 1793 年、 1795 年兩次瓜分波蘭時得到的領土組成，不包括格但斯克和比亞韋斯托克地區，面積十萬四千平方公里，人口約二百六十萬。 1809 年法奧戰爭後，奧地利在第三次瓜分波蘭時得到的領土也併入華沙公國，面積擴大到十五萬零四百平方公里，人口增加到四百三十萬。華沙公國實行《拿破崙法典》❶，廢除農民的人身依附關係，宣布「法律之前人人平等」。公國設有議會、政府，議員和政府官員，均是

❶　其對十九世紀大部分歐洲國家與拉丁美洲國家的民法典有著重要的影響。按照法典，所有的公民一律平等，消滅了長子繼承權、世襲貴族和階級特權；民法制度擺脫了教會的控制；人身自由、契約自由和私有財產神聖不可侵犯成為基本原則。

波蘭人，但主要是由貴族擔任，波蘭語為官方語言。拿破崙把華沙公國當作進攻俄國的前哨陣地，波蘭人民把華沙公國當作復興波蘭的基地，也因對拿破崙寄予很大希望，而作出重大的民族犧牲。

1812 年第二次波蘭戰役爆發，拿破崙進攻俄國，欲迫使亞歷山大一世遵守封鎖英國經濟的大陸政策，並解除俄國進攻波蘭的威脅，但法軍幾乎全軍覆沒。拿破崙返回法國後，仍迅即組成一支新軍，以抵抗反法各國之攻擊，及預防俄國再次入侵波蘭。

二、維也納會議

拿破崙失敗後，英、俄、普、奧四國扮演了歐洲主宰者的角色，訂於 1814 年在維也納召開所有參戰國（包括戰勝國和戰敗國）參加的國際會議，以處理戰後問題。其中各國討論的焦點之一便是波蘭問題。

1812 年拿破崙征俄失敗，俄軍乘機於 1813 年占領華沙公國，而且宣布將建立波蘭王國，由沙皇兼任國王。對此，普魯士反應強烈，認為那原是它瓜分所得的領土，不肯輕易放棄，然而因其無力與俄國對抗，便提出了「補償」的要求——即將薩克森王國的全部領土劃歸普魯士，然而，薩克森是德意志境內經濟發達的地區之一，若歸普魯士所有，將使其國力大大增強，這是奧地利和法國不能容忍的。因此，波蘭－薩克森問題便成為列強間矛盾的焦點。

俄國為占有波蘭，支持普魯士的補償要求；英國擔心普魯士強大會破壞歐洲大陸的均勢，因而支持奧、法。經過反覆交涉而

無法取得一致後，英、奧、法三國代表於 1815 年 1 月 3 日簽訂祕密同盟條約，態度變得強硬起來，俄、普見狀不得不妥協。於是達成協定：在波蘭的大部分領土上建立波蘭王國 (Congress Poland)；奧地利繼續占有其瓜分的加里西亞地區；普魯士重新占有波茲南和但澤；克拉科夫一帶約一千平方公里的地區成立克拉科夫共和國 (Republic of Kraków)，由俄、普、奧派駐使節，實際上是三國共管。同時，將薩克森五分之二的領土劃歸普魯士，餘下五分之三領土保留，仍由原國王統治。

㈠波蘭王國

　　波蘭王國面積約為華沙公國的四分之三，為俄國之保護國，國王由沙皇兼任，亞歷山大一世頒布新憲法，允許波人享自治權，有自己的議會、國旗及軍隊等。1863 年一月起義失敗後，俄皇亞歷山大二世 （Alexander II，1818～1881，1855～1881 在位） 於 1864 年取消「波蘭王國」稱號，改名為「維斯杜拉邦」(Vistula Land)。

㈡克拉科夫共和國

　　僅包含克拉科夫及其附近的地區，建立為一個中立區，處在三強的保護之下，在 1846 年發生暴動，被奧、俄平定後，即被併入奧國。

第二節　歷次革命的緣起

　　十九世紀中，民族主義和浪漫主義的思潮傳入波蘭，重新燃

起波蘭的復國運動。浪漫的民族主義革命歷時三十多年 (1830～
1863)，在這期間，波蘭先後發生數次革命運動，但都沒有成功。

一、十一月起義 (1830～1831)

1830 年歐洲動盪，維也納會議所建立的制度產生動搖，希臘
獨立、法國發生七月革命、比利時尋求獨立發展，波蘭受到感染，
俄皇尼古拉一世（Nicholas I，1796～1855，1825～1855 在位）原
有意調派波蘭軍隊前往法、比鎮壓革命。11 月時，導致一低階軍
官率領一批軍校學生，聯合青年分子，闖入軍火庫，攻擊總督官
邸，烽火一起，舉國響應。1831 年 1 月波蘭議會宣布廢黜沙皇尼
古拉一世兼任的波蘭國王，成立波蘭臨時政府，要求波蘭獨立及
恢復瓜分前的疆域，於是演變為俄波戰爭。沙皇派遣大軍進攻波

圖 21：十一月起義

蘭，波蘭阻擋不住俄軍，直到 2 月 25 日在格羅胡夫 (Grochów) 一次重要的戰役才平分秋色。然而，波蘭的政治領袖既不爭取農民的支持，又沒有得到外國的援助，起義軍一籌莫展。5 月 26 日，俄軍在奧斯特羅文卡 (Ostroleka) 一役取得重大勝利後，波軍元氣大傷，一蹶不振。9 月 6 日俄軍猛攻華沙，波軍向北潰退，不久後宣告投降，從此俄國對波蘭控制更緊、壓榨更兇。

二、克拉科夫起義❷

1845 年，波蘭各地的獨立運動領導人經過磋商，確定於 1846 年 2 月 22 日在俄、普、奧三國占領區同時發動起義，並就建立波蘭共和國達成協議，特別標榜成立民族政府的目標。由於有人告密，普魯士政府於 1846 年 2 月進行大逮捕，普占區的革命組織被摧殘殆盡；在波蘭王國，俄國沙皇政府也破壞了華沙的革命組織；只有位於奧占區的克拉科夫革命組織未受損害。隨後奧地利軍隊進入克拉科夫，形勢危急，克拉科夫的革命民主派毅然舉行起義，向奧軍發動進攻，奧軍敗退。結果克拉科夫宣告成立共和國，發表《告波蘭人民書》，宣布廢除勞役制和封建特權，號召全體波蘭人民為民族獨立而戰。奧地利政府一面派軍隊鎮壓革命，一面欺騙加里西亞農民，煽動他們反對起義者，使起義軍在

❷ 克拉科夫在波蘭歷史上還有另一次起義。1923 年波蘭工人反對通貨膨脹和政府迫害，起義工人與政府軍激戰，最後波蘭社會黨及工會領導人和政府舉行談判，政府宣布取消鐵路軍事化和設立戰地法庭的通令，命令警察和軍隊從克拉科夫撤退，起義結束。

圖 22：1846 年克拉科夫起義

格多夫被奧軍和加里西亞農民擊敗。及至 3 月 4 日，俄、奧軍隊
相繼進入克拉科夫，起義失敗，克拉科夫及其附近地區被併入奧
地利版圖。

三、1848 年歐洲革命

　　歐洲反對君主政體的一系列共和派起義，始於西西里島，波
及法國、德國、義大利及奧地利帝國，後都以失敗或遭到鎮壓而
告終。

　　波蘭人民也感受到這股銳不可擋的潮流，發動了相同的革命
運動。1848 年，波蘭人民想迫使普、奧當局廢除農奴制度，在波
茲南首先爆發起義，3 月 20 日，起義者建立了民族委員會，但由

於俄、普、奧諸國的鎮壓，起義終歸失敗。

四、一月起義 (1863～1865)

1855 年後，亞歷山大二世對波蘭所推行的嚴厲、高壓制度實質上已經逐漸放鬆，但反對俄國統治的一些波蘭密謀團體依然積極活動，且特別得到大學生和其他城市青年集團的支持。當他們在 1860 年代初期領導愛國示威遊行的時候，波蘭王國政府首腦維洛波爾斯基 (Aleksander Wielopolski, 1803～1877) 想出了一個計畫，徵召所有激進青年參加俄國陸軍，而後那些被指定入伍的人於 1863 年 1 月 14 日偷偷逃出華沙，躲入附近的林地，號召全國起義，結果得到各城市工匠、產業工人、下級士紳、官吏階層的支持，於是在華沙建立一個地下政府，對三十萬俄國正規軍展開游擊戰。在外援方面，革命者成立的「國民政府」指派在英、法進行活動，俄國決定嚴懲革命分子，首要分子被公開吊死在華沙，貴族土地一律沒收，規定俄文為唯一合法官方語文，積極推行俄化政策。但是由於未能得到外國的軍事援助，溫和派又掌握了領導權，延誤對農民實行所許諾的改革，加上新任波蘭總督貝格 (Fyodor Berg) 在華沙採取嚴厲措施，及俄國實行農業改革，以討好農民，終使起義活動隨著主要領導人的被捕而結束。

五、克里米亞戰爭 (1854～1856)

克里米亞戰爭又讓波蘭一度燃起復國希望。由於法皇拿破崙三世（Napoléon III，1808～1873，1852～1870 在位）以援助弱小

　　（即被壓迫之民族）為號召，法、波又有傳統情誼，所以波蘭想借助法國之力擊敗俄國，爭取波人自身的解放，英國政府這時也同情波蘭，答應其必要時可獲其協助。但是當戰後舉行巴黎會議時，奧、普同為參與會議的國家，堅決反對在會議中討論波蘭問題，因而毫無結果。

　　當時，波蘭的民族主義者分為兩派，保守派稱為「白黨」，激進派稱為「紅黨」，兩派都反對和俄國合作，紅黨組成「革命委員會」，將農民武裝，全面行動。曾經參加義大利加里波底革命的波蘭人藍吉耶維契將軍原本希望占領加里西亞，使其變成「西西里」，但因準備不周即告失敗。

第三節　革命失敗的原因

　　波蘭歷經普、俄、奧強權瓜分之後，曾試圖力挽狂瀾，糾合革命志士反抗外力的入侵。不過，此時波蘭革命復國起義，均未能如願以償，失敗收場。就其主要原因可歸納如下：

一、歐洲列強加強向外擴張

㈠俄　國

　　起初，俄國只是一個在莫斯科附近的小國。彼得一世繼任沙皇後，為了保護南方的國界而開始對抗韃靼和鄂圖曼帝國，並且到歐洲尋找盟友及學習西方的科學技術。1697 年起彼得一世隱姓埋名遊歷拜訪了布蘭登堡、荷蘭、英國和神聖羅馬帝國各地。外

交方面，為獲得出海口而與瑞典、土耳其交戰；為取得戰爭勝利，
實行富國強兵的政策；在財政和行政改革中，一面立足於農奴制，
一面發展經濟、振興教育、刷新文化，又陸續改革了地方機構、
貨幣制度等，及至 1721 年與瑞典和談時，俄國已經成為面貌一新
的歐洲強國。

　　凱薩琳二世時代可以說是俄羅斯帝國的第二個強盛期，帝國
在南方和西方得到相當大的新版圖。1768 年，俄土戰爭爆發，戰
後俄國取得了黑海的出海口，1783 年進而吞併了克里米亞。1787
年俄土戰爭又爆發，俄國將其勢力伸入巴爾幹半島，自此鄂圖曼
帝國已無法威脅俄國了。於是，俄國趁著波蘭國勢日漸衰弱之際，
與普魯士、奧地利瓜分波蘭。

　　在此尚值得一提者，拿破崙為了討好俄國，放棄波蘭復國的
原意，改採妥協方案，建立「華沙公國」。而維也納會議召開時
期，英、奧等國對於俄國的崛起亦感到威脅，於是聯合抵制俄皇，
英國外相凱索瑞利 (Castlereagh) 甚至提出重建 1772 年波蘭王國
的建議，幾經折衝，才決定對波蘭再度進行瓜分。

㈡普魯士

　　1701 年，布蘭登堡推選的帝侯腓特烈三世 (Friedrich III,
1657～1713) 於科尼斯堡加冕成為普魯士國王腓特烈一世
（Friedrich I，1701～1713 在位），從此開展普魯士王國兩百多年
的歷史。由於繼承了條頓騎士團的軍事專制傳統，普魯士的軍隊
以紀律嚴明、教育素質高而聞名於世，尤其是腓特烈二世（即腓
特烈大帝）以驍勇善戰著稱，腓特烈二世經由戰爭樹立了「軍事

天才」的個人榮譽，並將普魯士塑造為一個軍事強國。腓特烈二世同時還從伏爾泰 (Voltaire, 1694～1778) 那裡接受了啟蒙思想，改革司法和教育制度，鼓勵宗教信仰自由，並扶植科學和藝術的發展，使普魯士名列歐洲強國之林。腓特烈二世的侄子腓特烈·威廉二世（Friedrich Wilhelm II，1744～1797，1786～1797 在位）繼承王位後，先後購買了安斯巴赫侯國和拜羅伊特侯國，並對波蘭進行了第二次和第三次瓜分，由此可見其強盛國力。

㈢奧地利

　　1453 年 11 月 23 日，神聖羅馬皇帝腓特烈三世 （Frederick III，1415～1493，1452 年加冕為皇帝）將奧地利公國提升為大公國，使哈布斯堡王朝以及奧地利在歐洲的地位都大大提高，也為王朝的進一步擴展提供了基礎。1526 年 8 月 29 日，匈牙利兼波希米亞國王路易士二世 （Louis II，1506～1526，1516～1526 在位）與鄂圖曼帝國蘇丹蘇萊曼一世 （Suleiman I，1494～1566，1520～1566 在位），在匈牙利首都布達佩斯附近的摩哈赤激戰，史稱第一次摩哈赤戰役。土耳其軍戰勝匈牙利軍，路易士二世不幸戰死沙場。神聖羅馬帝國皇帝查理五世的弟弟——奧地利大公斐迪南 (1503～1564)，以路易士二世的姊夫身分繼承匈牙利和波希米亞國王 (1526～1564)。雖然在匈牙利出現了爭位者，但很快便被平定。自此，匈牙利、波希米亞和摩拉維亞一直在哈布斯堡王朝的管治之下，直至 1918 年，而西里西亞（今日波蘭南部）也暫時成為哈布斯堡王朝的領地。至此，奧國勢力逐漸強大，成為稱霸歐洲一方的國家。

二、波蘭內部無法團結對外

　　波蘭人民處於屢遭瓜分的環境之下，最後只能依循三種途徑：一為分別向瓜分俄、普、奧三國效忠，向瓜分者認同，與其合作甚至出任官職。二為陰謀反叛，掀起革命火燄。三為採取中庸路線，設法與瓜分者妥協，避免衝突，致力於實際問題的改善。依民族主義的觀點，第一種人是民族的叛徒，第二種人是理想主義者，第三種人是實際主義者。但在大環境的逼迫中，波蘭人民只能屈服於強國的武力威脅之下，中央政權癱瘓，邊防空虛，國力衰弱，且沒有中產階級作為國家發展的基礎，大多數百姓的土地、財產都為貴族巧取豪奪；所有軍中將領皆被貴族把持，用金錢買賣官職，將已經脆弱不堪的國防逼上絕路，由於國內貴族之腐敗與分裂，才使俄、普、奧等國有機可趁。

三、知識分子流亡海外

　　1816 年，華沙大學 (University of Warsaw) 創立，成為造就波蘭青年的學府。當時整個歐洲，以青年知識分子及貴族軍官為主體的年輕一代，紛紛組織祕密結社，先做純哲學理論之探討，繼即由理論探討而轉為實際行動。波蘭這些熱情洋溢的青年心中，「祖國」不僅是一個維持生活的地理區，更是生命與感情的寄託中心。華沙當地的「青年波蘭運動」分子，對於議會杯葛或議會立法以改善政治環境的消極作法極為不耐，認為只有透過全面武裝革命，方能達到目的。然而，在三國瓜分後造成貴族、地主土

圖 23：蕭邦雕像　雕像位於華沙。蕭邦是歷史上最具影響力和最受歡迎的鋼琴作曲家之一，也是歐洲十九世紀浪漫主義音樂的代表人物，創作了大量鋼琴作品，被譽為「鋼琴詩人」。

地多被沒收，參加革命的首要分子被處死，或被充軍西伯利亞，另有近萬人逃往國外，如法國巴黎等地，形成所謂的「大移民」浪潮，天主教會受到迫害，維爾諾及華沙兩大學均予關閉，造成知識分子大量流失。當代著名人物如蕭邦 (Fryderyk Chopin, 1810～1849)，因為 1830 年波蘭爆發了反對外國勢力瓜分波蘭的起義，1831 年蕭邦忍痛離開故鄉移居到了法國巴黎，開始以演奏、教學和作曲為生。

第六章 | *Chapter 6*

一次大戰與波蘭復國

第一節　波蘭與大戰局勢

　　一次大戰發生於 1914 年 7 月至 1918 年 11 月，是一場主要戰場在歐洲，影響卻波及全世界的大戰，當時世界上大多數國家都捲入這場戰爭。戰爭過程主要是同盟國（德、奧）和協約國（英、法、俄）之間的戰鬥，是歐洲歷史上破壞性最強的戰爭之一，大約有六千五百萬人參戰，一千多萬人失去生命，約兩千萬人受傷。

　　戰線主要分為：東線的俄對德、奧作戰，畢蘇茨基 (Józef Piłsudski, 1867～1935) 所領導的波蘭軍即是加入奧方與俄軍作戰；西線的英、法對德作戰；南線（又稱巴爾幹戰線）的塞爾維亞對奧匈作戰。

　　1914 年 8 月，德軍出兵盧森堡、比利時，兵力集中西線。為免俄軍從東線戰場突襲，德國答應貸款給鄂圖曼帝國，換取其參

戰。西線的德軍則繼續挺進至法國，但戰事卻陷入膠著。於是德
軍決定先集中兵力擊潰俄國，避免兩線作戰的困局。

　　1915 年 5 月，德、奧聯軍兵分兩路進擊俄軍，計畫將俄軍逼
至「波蘭口袋」內殲滅，於此，俄國大致已被逐出波蘭。次年，
德、奧在波蘭建立了一小王國，受其保護。德、俄雙方交戰八個
多月，德軍仍無法殲滅俄軍主力，東西線戰事無重大突破性進展。

　　直至 1917 年起，戰局才又有了新的發展。先是美國因德國使
用無限制潛艇戰而向德國宣戰，及至 11 月，俄國因發生十月革命
而退出戰爭，使得德軍立即將火力集中於西線，只是隨著戰事的

圖 24：畢蘇茨基　1887 年被指控策
劃謀殺沙皇而被流放，1892 年回
國。之後參加波蘭社會黨，並成為
該黨領袖。1906 年，波蘭社會黨發
生分裂，其成為該黨右派「波蘭社
會黨」革命派領袖。1908 年脫離社
會黨。1909 年，配合奧匈帝國反對
俄國，建立武裝組織。一次大戰期
間，組織波蘭兵團對俄國作戰。
1917 年因拒絕宣誓效忠德、奧而被
囚禁。波蘭第二共和國 (1918～
1939) 建立後，成為國家元首
(1918～1922)。1923～1926 年，因
國家民主黨在議會中取得勝利而暫時退出政界。1926 年發動軍事政
變，推翻合法政府，成為軍事獨裁者，在政府和軍隊中清除異己，修
改憲法，破壞議會制度。1934 年與希特勒簽訂《德波互不侵犯條約》。
1935 年，制定並實施反民主憲法，後病死於華沙。

拉長，各同盟國國內的經濟、民族問題逐漸嚴重，致使無力再戰，相繼向協約國求和，加上協約國有美軍的強大支援，1918 年 11 月終使得德國宣告投降，戰爭結束。

而波蘭則受到俄國 1917 年十月革命後宣布廢除沙俄政府一切條約和協定的影響，1918 年，蘇俄正式承認波蘭主權和獨立。11 月，波蘭隨即將德、奧占領者趕出波蘭，並宣布成立共和國。

戰後各國於巴黎凡爾賽宮召開和議，稱為「巴黎和會」(Paris Peace Conference)。戰勝國與其他戰敗國分別簽署了條件苛刻的和約，以《凡爾賽和約》及其他各個和約所構成的戰後歐洲及國際關係的新體系，即所謂的「凡爾賽體系」，對戰後歐洲及國際關係的發展有著重要影響。

大戰後歐洲版圖改變，出現了一系列新國家，主要集中在東歐，如匈牙利、捷克、南斯拉夫、芬蘭、立陶宛、拉脫維亞、愛沙尼亞和波蘭等，波蘭在《凡爾賽和約》中取回了被德國占領的土地；格但斯克港成為自由港，並受國聯的管轄；波蘭在波羅的海的一省波美拉尼亞的回歸，使波蘭有一個出海口。波蘭也試圖從蘇俄手中奪回東部的失地，這引起了 1920 年的波俄戰爭。

第二節　復國前的各派角力與整合

一次大戰爆發，為波蘭復國帶來了希望，波蘭各政黨希望在戰時加入勝利的一方，戰後則可在其支持下重建。然而，瓜分波蘭的國家：俄屬協約國，德、奧為同盟國。

　　如果投向俄國，而協約國最後又獲得勝利，德、奧兩國勢必
被迫交出瓜分占有波蘭的西部和南部，使波蘭復合、重歸統一，
但新的波蘭不可能完全獨立，必然在俄國的統治之下。反之，如
果投向德、奧一方，同盟國最後又獲得勝利，俄屬的波蘭東部將
被迫交出。但德、奧雖為同盟，卻為兩個國家，德屬波蘭不可能
與奧屬波蘭合併，仍是南北分裂的局面。

　　主張投向俄國一方的，以「國家民主黨」(National
Democratic Party) 領袖德莫夫斯基 (Roman Dmowski, 1864～
1939) 為首，認為俄國是斯拉夫民族的救星，波蘭如果尋求解放，
必然需要俄國的領導。俄國對所屬的波蘭雖然多方壓迫，但是
1905 年俄國發生「二月革命」之後，已由君主專制改為君主立
憲，設置「杜馬會議」，波蘭也可以推選代表參加杜馬，尋求俄、
波關係的改善。而德、奧等日耳曼國家，是波蘭傳統的敵人，和
其合作等於和魔鬼握手。

　　主張投向德、奧者，以「波蘭社會黨」領袖畢蘇茨基為首。
畢氏認為：戰後如果奧國得勝，至少可以將俄屬波蘭南方的加里
西亞併入奧屬波蘭之內，如此在奧帝國所屬各省之中，波蘭將成
為最大的一省，波蘭籍人口數也將超過日耳曼人和馬札兒人，如
果再加上捷克、斯洛伐克、克洛特和斯洛文尼亞等，則在奧帝國
總人口中，斯拉夫人將躍居最多數地位。此一優勢有利於波蘭的
前途。奧匈帝國如改為多民族聯邦，則波蘭至少可以享有和馬札
兒人同樣半獨立的地位。

　　波蘭各政黨對於建立國家和組織政府的計畫，也各自為政，

沒有一致的決定。畢蘇茨基於 1914 年 8 月 16 日，首先在克拉科
夫宣布成立「全國最高委員會」，率領「波蘭兵團」開始參加德奧
聯軍，翌年攻占俄屬波蘭全境，屢建戰功。1916 年 11 月 5 日，
德奧政府聯合宣布，願合力支持建立一個獨立的「波蘭王國」，其
目的在抵銷俄國在 1914 年 8 月 14 日的聲明（表示俄國願意在羅
曼諾夫王朝統治下促成波蘭的統一與自治），以討好波蘭人，使其
踴躍應徵，加入德、奧一方作戰。但波蘭人入伍時，依規定必須
宣誓視德、奧士兵為袍澤，這引起波蘭反感。畢蘇茨基堅持，必
先成立獨立的波蘭政府，方可徵兵，而且波蘭兵團只能由波蘭政
府指揮作戰。畢氏原已由德、奧當局任命為「波蘭臨時國務會議」
的作戰部部長，因此也拒絕接受，遂與德、奧決裂，德軍乃將其
逮捕，囚禁於馬格德堡（1917 年 7 月）。此舉反而使畢氏的聲望
大為提高，而波蘭人民對於「波蘭臨時國務會議」的信任也隨之
消失。

　　1917 年 3 月，俄國革命爆發，新政府隨即宣布波蘭有民族自
決的權利，並願承認波蘭的獨立。此舉迫使德、奧必須再做進一
步的反應，以資抗衡。同年 10 月，德、奧乃將設於華沙的「波蘭
臨時國務會議」撤銷，改設「攝政委員會」。這個號稱獨立的波蘭
王國，既無國王，也無攝政，攝政委員會由華沙大主教卡科夫斯
基為主席，下設內閣，新閣於 12 月初成立。

　　巴黎是波蘭的復國中心，1917 年 8 月間，德莫夫斯基將設於
華沙的「波蘭國家委員會」遷至巴黎，與協約國當局積極聯絡，
隨即於同年 9 至 12 月間，分別獲英、法、義、美等國的承認，承

圖 25：帕德瑞夫斯基　波蘭著名鋼琴家、作曲家、政治家。波蘭獲得獨立後，出任第一屆總理兼外交部長，但因其與其他政治家政見不合而引退。1922 年重新開始獨奏音樂會的活動，為戰爭犧牲者籌到大筆款項，一生中絕大部分時間作為演奏家而四處表演。

認它是代表波蘭人民的臨時政府。其中尤以美國的承認最為重要，早在 1916 年 11 月間，威爾遜（Thomas Wilson，1856～1924，1913～1921 在位）總統與旅美波蘭領袖著名鋼琴家帕德瑞夫斯基 (Ignacy Jan Paderewski, 1860～1941) 會晤時，即向其表示美國願意支持波蘭獨立，及至美國參戰後，美國的政策更足以影響其他盟國的態度。1918 年 1 月 8 日威爾遜總統提出「十四點原則」，其中十三點即特指波蘭問題，主張「重建波蘭，給予自由而安全的海口，並由國際保證其政治獨立和領土的完整」。美國是第一個公開表示支持波蘭獨立的聯軍國家。1918 年 6 月 3 日，英、法、美、義再提同樣保證。加上 1917 年俄國退出大戰，並放棄對波蘭的統治權，波蘭王國的復國已完成三分之一，只剩下德、奧的問題了。

　　由於德、奧兩國設在華沙的「攝政委員會」，於 1918 年 10 月 6 日發表聲明，宣稱即將召開會議，重建一個「自由而又統一的

波蘭」。出席奧匈帝國議會的波蘭代表立即響應，宣稱他們已經是「自由而又統一的波蘭」的公民。到了 11 月 10 日，畢蘇茨基將軍甫獲釋返抵華沙；11 月 11 日，德國向聯軍投降，一次大戰結束，駐守華沙的德軍被解除武裝，由攝政委員會接掌波蘭政權，因此史學家均以 1918 年 11 月 11 日為波蘭獨立復國紀念日。 11 月 14 日，攝政委員會立即將職權交由畢蘇茨基接掌，成為波蘭境內的正式政府。

　　波蘭雖然獨立，卻出現了兩個政府：一為畢蘇茨基領導的華沙政府，一為德莫夫斯基領導，設於巴黎的「波蘭國家委員會」。畢、德二人黨派不同，政見互異，如何求其妥協合作，煞費周章。幸好由帕德瑞夫斯基居中協調，最後才能合組政府。

　　帕德瑞夫斯基為國際知名鋼琴家和作曲家，常在美國演奏時募款捐助波蘭難民，極受各方尊重。統一後的政府由畢蘇茨基擔任國家元首，帕德瑞夫斯基擔任總理兼外交部長，德莫夫斯基代表波蘭出席巴黎和會。

第 III 篇

共黨政權的建立與崩潰

第七章 | *Chapter 7*

兩次大戰時期波蘭命運的掙扎

　　1918 年 11 月，一次大戰結束，波蘭史上的 「第二共和」 (1918～1939) 也在這時成立。在兩次大戰期間，波蘭面臨的主要問題有：其一，疆域的重劃；其二，政府亟需重組以適應政局的演變；其三，經濟必須進行改革和重建；其四，正視少數民族的權利；其五，制定可行的外交政策，加強對外關係。

第一節　波蘭共和國的重建

一、疆域重劃

　　1918 年 11 月波蘭雖然獨立了，但是東西邊界均未確定，尤其西部土地仍受到德軍控制。因此，波蘭的東西邊界成為巴黎和會討論問題的重點之一。

　　波蘭要求將西部的波茲南、上西里西亞、東波莫瑞、瓦爾米亞和馬祖爾地區歸還波蘭。這雖得到法國的支持，但遭到英、美

的反對，因為兩國主張歐洲勢力均衡，反對過分削弱德國。因而《凡爾賽和約》規定波、德的邊界：波茲南和東波莫瑞歸還波蘭，上西里西亞、瓦爾米亞和馬祖爾地區由公民投票解決。1921 年 3 月，公民投票的結果是：在瓦爾米亞有五個鄉、馬祖爾有三個鄉劃入波蘭版圖。10 月，國際聯盟裁決，將占上西里西亞 30% 領土和 46% 人口的東部劃歸波蘭，占上西里西亞 70% 領土和 54% 人口的西部劃歸德國。波蘭並取得煉鋼廠與煤礦，足以發展工業，至此，波蘭西部邊界大體確定。

波蘭疆域的重劃，很大部分取決於西方大國間的角力，因而埋下日後的不確定因素。波、德邊界長達一千九百一十二公里，且缺乏天然屏障，非常不利波蘭的國防安全。

比起西部邊界，波蘭東部邊界的劃定更為複雜。1919 年，蘇俄內憂外患，自顧不暇。畢蘇茨基主張依靠自身的力量，而不是西方的態度來解決東部的邊界。他提出恢復東部的「歷史邊界」，並鎮壓工人運動，解散工人代表蘇維埃，隨後發動對蘇俄的戰爭。12 月 8 日，西方國家在巴黎和會上根據民族自決原則，確定波蘭東部的臨時邊界線：北起蘇瓦烏基，經比亞韋斯托克地區東部，沿布格河南下經布列斯特到涅米羅夫。與紅軍對戰中正節節勝利的波蘭拒絕接受。1920 年，紅軍開始反攻，逼近首都華沙。7 月 12 日，英國外交大臣寇松 (Curzon) 致電蘇俄政府，建議波蘇停戰，紅軍從臨時邊界線後撤五十公里，這條邊界線從此稱為「寇松線」。沒想到 8 月 15 日，紅軍在華沙近郊拉傑敏的決戰中遭到重創，被迫後撤。波蘭重新控制白俄羅斯和烏克蘭的許多地方。

1921 年 3 月 18 日，蘇波簽訂《里加和約》，確定沿季斯納河—多克希齊—斯盧奇河—科列茨—茲布魯奇一線為波蘭和蘇維埃俄國、蘇維埃烏克蘭的邊界。根據《里加和約》，西白俄羅斯和西烏克蘭併入波蘭版圖，波蘇邊界從寇松線大大東移。

　　至於南疆的德欽區，正好介於波蘭與新成立的捷克共和國之間，摩拉維亞走廊北口，居民以波蘭人居多，少數為捷克人。1919 年 1 月，布拉格方面出兵占領此地，當時波蘭正為了東疆全力與蘇俄征戰，德欽區乃放棄公民投票方式，交由聯軍外長會議裁定。波蘭分得德欽區不到一半，波蘭居民占多數的西部與煤礦區、火車站等建設均分給捷克。波蘭對此深感不滿，成為波、捷之間的心結，亟欲奪回。1938 年慕尼黑危機時，波蘭就趁機兼併德欽區。

　　最終，根據 1919 年巴黎和會決議，波蘭獲得東波莫瑞和波茲南地區，格但斯克被闢為國際自由市，西里西亞的大部分仍歸德國，再根據 1921 年《里加和約》，波蘭獲得西烏克蘭和西白俄羅斯以及立陶宛的一部分。然而，一次大戰復國後的波蘭領土，比起 1772 年瓜分前仍足足少了近一半。

二、國內勢力的整合

㈠五年憲政

　　1919 年 1 月 26 日新政府制憲議會大選，參與的黨派多達十四個，而以農民黨、國民黨、國家民主黨和波蘭社會黨四個較為重要。農民黨分為波雅斯特黨與解放黨。波雅斯特黨由維托斯

(W. Witos) 領導，主要在加里西亞地區，屬溫和派，在選舉中獲得最多票數。解放黨較為偏激，其承襲俄國占領統治時期農民起義的精神。國家民主黨和國民黨成員則由中產階級組成，以民族主義色彩為號召，政策保守。國家民主黨得票數僅次於農民黨溫和派，領導人為德莫夫斯基。波蘭社會黨初期由畢蘇茨基率領，後來黨中出現資產階級分子，部分脫離社會黨，加入由羅莎·盧森堡 (Róża Luksemburg, 1871～1919) 領導的共產黨，路線較激進。

第一部正式憲法於 1921 年 3 月 17 日制定，波蘭這部憲法效法法國第三共和，雖然保守，但兼顧農民和社會大眾的權益。規定波蘭為民主共和國，所有公民享有人身、集會、言論等自由，以及種族、語言、宗教信仰一律平等。但人口組成上，三分之二人口務農，又有三分之一少數民族，缺少中產階級，難以建立西方式民主統治。1919 年 2 月 10 日，新政府的制憲議會通過《臨時約法》(*Little Constitution*)，承認畢蘇茨基為「國家元首」及內閣。

其立法機構分別為「參議院」和「西姆」，西姆議員五年一任，二十五歲以上公民皆有被選權。西姆通過之法案，送達參議院後，如在三十天內未表示反對，即自動成為法律。總統由參議院和西姆聯席會議產生，任期七年。由於立法部門權力大，故總統職權受限制，使得畢蘇茨基於 1922 年堅決辭去國家元首一職。在畢蘇茨基辭職的情況下，議會選出畢蘇茨基好友納茹托維契 (G. Narutowicz) 教授出任總統，沒多久被民族主義分子暗殺。同年 12 月 20 日，又選出吳謝考夫斯基 (S. Wojciechowski) 總統，總理則由西考斯基 (Władysław Sikorski, 1881～1943) 擔任。

1922 年受到德國馬克嚴重貶值影響，波蘭開始陷入經濟混亂。11 月 6 日，克拉科夫工人暴動，西考斯基辭職，由經濟專家格拉伯斯基 (W. GrabSki) 接任。自此開始至 1926 年，波蘭內閣更換頻繁，除格拉伯斯基外，其餘內閣多無建樹。

㈡畢蘇茨基時代

1926 年春，蘇聯與德國簽訂新約，引起波蘭關注。民眾皆認為，唯有在畢蘇茨基的領導下波蘭才能渡過難關。議會利用預算控制，一再限制畢蘇茨基的軍事指揮權，該年 5 月 12 日，畢蘇茨基發動武裝政變成功，實行獨裁，工會並罷工以表支持。他仍拒絕出任總統，僅任總理，總統由莫施斯基 (Ignacy Mościcki) 擔任。雖然如此，大權實是操於畢蘇茨基之手。武裝部隊與中產階級民族主義者皆支持畢蘇茨基，而反對者則是農民黨人與共產黨。畢蘇茨基曾於一次大戰組織「波蘭兵團」，至 1920 年初人數已達六十萬，不但是其奪權的重要後盾，兵力也為東歐最強。政變發動前，畢蘇茨基雖退居幕後，但內閣中親畢分子居多，歷任總統也出於其推薦，畢氏的權力遠遠高於總統之上。武裝政變後畢蘇茨基組成一個「非黨集團」(Non-party Block)，實際上就是畢蘇茨基的個人政黨，並無特定的路線與思想，其作用在於影響社會。

㈢第二部憲法

政變後，畢蘇茨基全力修訂憲法，1935 年提出憲法修正案。新憲法提高總統和行政部門的職權，削弱立法機關的權限。總統有權任免總理與武裝部隊司令，並有權解散國會。新憲法實施未達一個月，5 月 12 日畢蘇茨基逝世，但憲法與統治結構並無重大

變革。莫施斯基連任總統，史米格里·瑞茲 (E. Śmigły Rydz) 任武裝軍司令，成為繼畢蘇茨基後第二號重要人物，接掌政權。政府各部門仍由軍人掌控，被稱為「上校政府」(Government of the Colonels)，唯一的改變，就是非黨集團解散。

第二節　悲劇民族的再起

一、再次瓜分

希特勒 (Adolf Hitler, 1889～1945) 在 1938 年 9 月慕尼黑會議之後，把侵略的目標指向波蘭。德國外長欲與波蘭展開祕密談判，要求將日耳曼人居住的但澤併入德國，並在德國本土和東普魯士間建立一條公路和鐵路，穿越波蘭走廊，但被波蘭外長予以拒絕。1939 年 4 月 28 日，希特勒再次公開提出上述要求，並將雙方 1934 年簽訂的《德波互不侵犯條約》宣布作廢，侵略野心已經全盤皆露。從那個時候起，波蘭和但澤之間的邊境事端即連續發生。

希特勒深知，德國若進兵波蘭，英、法必然參戰，因為 1939 年 3 月 31 日，英、法已向波蘭提出保證，如果其被外國侵犯，兩國當予以支援；此時蘇聯的態度尚未明朗，莫斯科曾向英、法表示，願結盟以抗德，英、法未即刻接受。如果英、法、俄三國結盟成功，戰爭一旦爆發，德國將左右受敵，一次大戰時的情景又將重現，因此希特勒必須先將對俄關係釐清，方敢進軍波蘭。

　　蘇聯此時的外交路線，正陷於兩難之中。自慕尼黑會議之後，莫斯科對於英、法的意圖起疑心，史達林 (Joseph Stalin) 認為英、法、德、義本質上是西方資本主義國家，英、法可能默許或鼓勵希特勒以東進代替西進，全力打擊共產蘇聯。自 1939 年起，莫斯科就改採兩面外交：一方面與英、法協商，一方面也試探德國的立場。同年 3 月 10 日，史達林表示願意和直接鄰國或間接鄰國建立友好關係。5 月 3 日蘇聯外長換人，由莫洛托夫接替一向主張集體安全並走英、美路線的李維諾夫。之後德、蘇簽訂貿易協定，合作跡象漸趨明顯，希特勒電告史達林，表示將派德國外長里賓特羅甫訪蘇，史達林立即接受。8 月 23 日德國代表團飛抵莫斯科，當天即簽訂了震驚世界的《德蘇互不侵犯條約》，內容約略為：

　　⑴約定雙方互不侵犯條約互不從事破壞及侵略行為。

　　⑵一方如與第三國作戰時他方應保持中立。

　　⑶以善意及和平的方式解決雙方爭執。

　　⑷本約有效期間為十年。

　　但除了主文之外，另有祕密附約，通稱《里莫議定書》，雙方劃定東歐的勢力範圍。波蘭首當其衝，再次被暗中進行瓜分，瓜分界線大致為納茹河－維斯瓦河－桑河一線，德方所得占 49%，俄方則占 51%；在波羅的海方面，以立陶宛北邊為界；在巴爾幹方面，蘇聯表示對比薩拉比亞有興趣，德方則表示對該區沒有興趣。1939 年 8 月 30 日，德國要求波蘭指派一名全權代表前往柏林做最後的協商。波蘭有鑑於不久之前奧國的總理舒施尼格 (K. Schuschnigg) 於 1938 年 2 月以及捷克總統哈察 (Emil Hácha) 在

1939 年 3 月先後訪德國後隨即被迫屈服的痛苦經驗，拒不前往。
8 月 31 日《德蘇互不侵犯條約》經德、蘇政府批准換文生效。翌日，德軍即大舉進攻波蘭，點燃二次世界大戰戰火。

　　德國製造一個可笑的藉口發動戰爭。此一陰謀的代號為「馬口鐵罐」，由祕密警察率領一支由十二名罪犯組成的突擊隊潛入波蘭境內，罪犯換穿波軍的制服混入，承諾若成功則予以免刑或減刑。8 月 31 日深夜，突擊隊由波境越界攻占一處德國邊境的無線電臺，播放愛國歌曲，並鳴槍數響後退出，這些罪犯最後被祕密警察消滅。希特勒以此為藉口，9 月 1 日清晨以閃電戰發動猛攻，出動裝甲部四十四師，飛機一千五百架，兵分三路直指華沙。波軍八十萬奮勇抵抗，甚至以騎兵對抗坦克，犧牲極為慘重。英、法雖然於 9 月 3 日對德宣戰，卻按兵不動，未在德國西邊發動攻勢牽制德軍。

　　9 月 27 日華沙失守，波蘭政府穿過羅馬尼亞逃往巴黎，待法國戰敗後再逃往倫敦，為戰後第一個設於倫敦的東歐流亡政府。波蘭流亡政府由拉契凱耶維支 (Władysław Raczkiewicz, 1885～1947) 擔任總統，西考斯基擔任總理，另組國家委員會代行國會職權。

　　德軍推進至議定的瓜分線後即停止前進，通知蘇聯照約前進。蘇聯此時正在東北亞與日本及滿洲國發生戰爭，乃將遠東方面的戰爭結束，在波蘭展開行動。9 月 17 日將波蘭東半部全部占領，然後劃分為南、北區。11 月初，將其分別併入烏克蘭及白俄羅斯，史達林聲稱這是尊重當地人民的意願。當俄軍向西推進時，

波人不明究竟，還以為俄軍入波是為了助其抵抗德軍的侵略。直到發現蘇聯亦為侵略者時，乃陷於腹背受敵之境。東區的波人，或被殺害，或被驅入奴工營，發配到遠至西伯利亞東部的克里瑪河流域、黑龍江下游的伯力和太平洋岸的馬加丹。輸運途中均乘載於運送牲畜的密封火車，不見天日。奴工營設備極差，在攝氏零下六十五度的氣溫下伐木淘金。

　　波蘭西半部被德軍占領之後，也劃分為兩部分：西部的波森、北部的但澤及波蘭走廊均正式納入德國版圖，中南部（包括華沙、克拉科夫、盧布林等地）則設一總政府。希特勒將波蘭視為一個奴工營，軍事占領完成後，黨衛隊希姆萊 (Heinrich Himmler) 驅車巡視全境，決定大量屠殺波人，揚言要將日耳曼的生活圈向東推進五百公里。希姆萊把波蘭人口分為四部分，第一為在德國出生而在波蘭定居的日耳曼人；第二為上推三代均為德國人的日耳曼人；第三為非日耳曼人，包括波蘭人和立陶宛人；第四為猶太人。所有的居民都需註冊，按照等級分配食物，較好的旅店或高級住宅只准德人使用，種族歧視達到極點，因此較有教養或自重自愛的德國公民均不願前往波蘭服務，波蘭成了虐待狂充斥的園地。

　　位於波蘭南部克拉科夫市附近的奧斯威辛，希特勒於 1940 年4 月在此地建造聳人聽聞的奧斯威辛集中營 (Auschwitz-Birkenau)❶。這座納粹時代興建最大並且迄今保存原貌，形同人

---

❶　1990 年代作者得有機會到波蘭旅遊，曾二次特別帶領學生來此憑弔，
　　對上百萬人面對刑場、瓦斯室骨瘦如柴的同儕死亡呼喚等不幸遭遇，
　　留下毛骨悚然永難忘懷之嘆。

間地獄的大墳場，占地四十平方公里之廣，已成為納粹走向敗亡不可分的一部分。

據歷史記載，這個有「死亡工廠」之稱的集中營，在短短不到五年時間，曾關進一百三十餘萬囚犯，其中以猶太人、吉普賽人、同性戀者以及戰俘等為主。根據統計，二次大戰期間，納粹蓋世太保（Gestapo，祕密警察）殺害六百萬猶太人當中，就有五分之一是在此慘遭不測，為人類史上慘不忍睹的大屠殺。這些當中，約有八十萬居住在法國的猶太人遭納粹拘押送往，致使迄今法國當局仍感自責，未盡到保護猶太人免於恐懼的責任。二次大戰即將結束之前，蘇聯紅軍部隊率先進入波蘭，解放二十餘萬屢遭精神折磨，奄奄一息的受難者。

德、俄在波蘭的瓜分界線，德方將波羅的海方面的界線向南移，把立陶宛納入俄方；反之，蘇聯則將波蘭中部一片地區讓於德方，此一新的瓜分線稱為「里莫線」。總計蘇聯所得比 1920 年的寇松線尤多，約有七千五百萬平方公里，人口一千兩百萬。蘇聯深知《德蘇互不侵犯條約》不過是一時的權宜之計，德蘇之戰終將難免，為了制敵機先，爭取優勢，蘇聯在 1939 年 10 月至 1940 年夏季，分向兩邊擴張占領區。

二、蘇聯再次占領

波蘭亡國之後成立兩個政府組織。一為設於倫敦的流亡政府，一為設於本土的地下政府。流亡政府由西考斯基領導，法國境內有十萬之眾的波蘭部隊；地下政府亦設內閣，受流亡政府的指導

圖 26、27：奧斯威辛集中營　為了保留納粹德國殘酷暴行的罪證，和喚醒世人記取教訓，莫再重蹈覆轍，故戰後盟軍和波蘭政府特別將奧斯威辛集中營原封不動，成立紀念博物館。每年舉辦紀念活動，並讓受難者家屬追悼懷念，吸引成千上萬的同情者，不遠千里而來，追思亡魂。

監督。波蘭境內有一支本土部隊，最多時人數有四十萬，由包爾・科莫洛夫斯基將軍指揮，從事游擊戰。當 1939 年俄、德瓜分波蘭時，蘇、波一度斷交，及至 1941 年德蘇戰爭爆發後，在英國的調停下，蘇聯與波蘭流亡政府恢復邦交，簽訂友好互助條約。

但到了 1943 年 4 月，柏林電臺連續廣播，指德軍在斯摩稜斯克附近的卡廷森林 (Katyn Forest) 中挖掘工事時，發現了一座萬人塚，其中有四千多具波蘭軍官的屍體，必是 1940 年 4 月間被紅軍所殺。波蘭流亡政府聞訊，極為憤慨，因為在紅軍於 1939 年 9 月侵入波蘭東部時，確曾俘虜波蘭軍官一萬五千人東去，下落不明，這些屍體必為其中的一部分。蘇聯反駁，指係德軍於 1941 年冬季所殺。但檢視屍體所著制服皆為波軍夏令制服，顯為紅軍所殺。此時蘇聯也正在準備進攻波蘭，乃以此為藉口於 1943 年 4 月 25 日和波蘭流亡政府斷交。

此外，蘇聯為了設法消滅波蘭國內的武裝勢力，故意掀起「華沙起義」，借刀殺人。當紅軍攻抵華沙東郊時，莫斯科電臺於 1944 年 7 月 29 日向華沙市民廣播，呼籲市民立即起義。廣播宣稱：「請華沙注意！立即起來打擊敵人！華沙必已聽到即將為他帶來自由的砲聲……現在已到作戰時刻……你們要在街頭、住宅、工廠和店鋪奮力作戰，使解放的時刻提早降臨！」地下軍請示倫敦之後，下令於 1944 年 8 月 1 日下午五時全面行動，他們原以為近在東郊的紅軍必會同時進攻，不料此後三週之內紅軍袖手旁觀靜止不動，增援的德軍則將華沙包圍，展開大規模屠殺。英、美雖欲空投彈藥接濟，但蘇聯拒絕飛機在俄境降落，地下軍彈盡援

圖 28：卡廷森林大屠殺
根據 1992 年俄國公開的
部分機密文件顯示，「卡廷
森林大屠殺」由史達林親
自簽署命令，蘇聯內務人
民委員部 (NKVD) 執行。
起初蘇聯一直堅稱與蘇聯
無關，直至 1990 年，蘇聯
塔斯社發表聲明，才首度
承認卡廷森林大屠殺是
「史達林主義的嚴重罪
行」，不過政府並不承認是
集體屠殺，波蘭人仍在等
待歷史還給他們一個公正
裁決。1992 年葉爾欽政府
終於把相關機密資料交給
波蘭並正式道歉。

絕，只好向德軍投降。投降後，紅軍攻勢再展開。

　　自 1944 年 8 月 1 日至 10 月 2 日，華沙起義歷時六十三天，除了數以萬計的地下軍慘遭殺害，同時遇難的市民尚有二十萬人之眾。後來紅軍進入華沙時，戰前擁有一百三十萬人口的華沙所剩無幾。

　　現代波蘭史學者諾曼‧戴維斯 (Norman Davies) 教授在其著作《起義在 1944：華沙之戰》(*Rising '44: The Battle for Warsaw*) 當中指出，「華沙起義」是二戰中波蘭被盟軍拋棄所造成的重大悲

圖 29：華沙起義紀念雕像

劇。由於英、美兩國在對蘇關係上的猶豫不決，致使為了與蘇聯
達成妥協而放棄波蘭。戴維斯提到 1944 年 6 月諾曼第登陸後，盟
軍相信戰爭將於該年結束，因而拋棄了波蘭。難怪波蘭政府曾在
紀念華沙起義活動中正式要求英國和盟軍應向波蘭人民致歉。

　　紅軍於 1945 年 1 月越過維斯瓦河，華沙（1 月 17 日）、克拉
科夫（1 月 19 日）、波茲南（2 月 23 日）、但澤（3 月 30 日）先
後陷落，是年初夏，波蘭全境均為紅軍占領。

共黨政權的建立及其統治困境

第一節　蘇聯扶持波共政權的經過

　　1918 年 波 蘭 共 產 黨 （Communist　Party　of　Poland，Komunistyczna Partia Polski，簡稱 KPP）成立，最初的領導人是羅莎・盧森堡等人，受第三國際的指揮，其政治綱領是推翻地主資產階級統治，建立無產階級專政的社會主義國家。在波蘭第二共和時期，波共內外受敵，在國內受到畢蘇茨基政府的壓制，在蘇聯也因其公然支持托洛斯基，所以受到史達林的迫害，1938 年即被第三國際解散，人數約五千名的波共分子均以「托派分子」名義被殺，因此波共在波蘭國內並無深厚基礎。

一、波共政權的建立

　　二次大戰爆發後，共產國際有意以軍事力量在波蘭扶植赤色政權。 1942 年 1 月在華沙祕密成立 「波蘭工人黨」 （Polish

Workers' Party, Polska Partia Robotnicza ，簡稱 PPR），戈慕卡 (Władysław Gomułka, 1905～1982) 於翌年起擔任第一書記，組成人民軍，與倫敦的波蘭流亡政府指揮的本土部隊一起對抗德軍，這是一支本土派的波共勢力。不過，由於波蘭強烈的民族認同感，波蘭工人黨並未隸屬共產國際。由於 1941 年德、蘇正式交戰，許多共產地下組織遭到德軍全面掃蕩，當時波蘭工人黨的命運頗為艱辛，而且受到卡廷森林慘案的影響，波蘭流亡政府對帶有共產色彩的波蘭工人黨並不諒解。

然而同時間，蘇聯已經開始為籌備親蘇的波蘭臨時政府而大肆布署。1943 年 6 月在莫斯科成立「波蘭愛國聯盟」；同年 12 月成立「祖國民族委員會」，建立左派聯合陣線。1944 年還在盧布林成立「波蘭民族解放委員會」（Polish Committee of National Liberation, Polski Komitet Wyzwolenia Narodowego，簡稱 PKWN），日後通稱為「盧布林委員會」(The Lublin Committee)，其任務是協助紅軍接管收復地區。盧布林委員會發表聲明，否認波蘭流亡政府及其國內組織的合法地位。「7 月 22 日」遂成為波蘭的國慶日，取代了過去的「5 月 3 日」。

英國首相邱吉爾 (W. Churchill, 1874～1965) 鑑於情勢危急，電催波蘭流亡政府總理麥考拉吉克 (Stanisław Mikołajczyk) 由倫敦前往莫斯科，與波蘭共黨領袖比魯特 (Bolesław Bierut, 1892～1956) 會商波蘭政府的組織問題。史達林堅持新政府應由盧布林委員會和流亡政府以平等比率組成，但比魯特認為己方應占 75%，因此未獲協議。

　　麥考拉吉克返回倫敦之後，波蘭流亡政府分裂改組，改由阿錫色夫斯基 (Tomasz Arciszewski) 繼任總理。史達林則趁對方陷入分裂之際，在盧布林召開「全國統一委員會」，1944 年 12 月 27 日，宣布將盧布林委員會改建為「波蘭臨時政府」，以比魯特為總統，奧索布加‧莫拉夫斯基 (E. Osóbka-Morawski) 為總理，戈慕卡為副總理。1945 年 1 月 5 日，蘇聯不顧羅斯福和邱吉爾的勸阻，毅然加以承認。

　　此時，雅爾達會議已經預定於 1945 年 2 月初舉行，史達林意在先聲奪人，搶先造成事實，迫使英、美接受。在會議中，英、美對波蘭臨時政府最初雖一再反對，但礙於木已成舟，最後只好忍痛接受波蘭變為蘇聯附庸國的事實。波蘭國土整個向西移動，正意味著西方對於蘇聯的讓步。如同一次大戰一樣，波蘭國土問題再度成為焦點。最後的結果便是蘇聯從波蘭手中拿回白俄羅斯與烏克蘭，而波蘭從德國接管了東普魯士、波美拉尼亞、西里西亞和波羅的海的良港斯賽新，其中西里西亞成為經濟富源，而且經由東西界調整及人口遷移，使得波蘭成為接近單一民族的國家。

　　依雅爾達會議決議，波蘭新政府除共黨外，還必須將一切民主政黨及反納粹分子包容在內，經麥考拉吉克與比魯特再三折衝，於 1945 年 6 月 28 日在華沙成立「全國團結臨時政府」(Provisional Government of National Unity)。這是一個包括多黨的聯合政府，總理乃由奧索布加‧莫拉夫斯基擔任，副總理除戈慕卡之外，另增麥考拉吉克為第一副總理兼農業部長。閣員二十四人中，波共占十六席，國防、公安、貿易工業、食品等重要部長

均在波共手上。理論上，這是一個過渡政府，在正式政府成立以前代表波蘭，其後獲波茨坦會議的承認。

雅爾達會議有關波蘭和其他東歐國家的協議，規定應於最近期間舉行「自由而不受限制的選舉」，所有民主政黨均應參加，以組織正式政府。波共深知它在國內並無民眾基礎，無法贏得將來的大選。於是一方面拖延大選的時間，一方面積極活動，分別成立工會、陣線和其他群眾組織，並在地方上建立人民委員會，重配土地，爭取農民支持。同時，共黨分子並滲透其他政黨，促其分化，脅迫反共及中立分子辭去職位，代之以親共的左翼分子。1947年1月，在英、美的一再催促之下，波蘭舉行大選。但候選人名單則由政府提出，稱為「民主集團」，其中包括共產黨、社會黨、農民黨左翼、民主黨等，唯一可以用政黨名義提出候選人名單的只有麥考拉吉克領導的農民黨。競選期間，波共處處阻撓，甚至將候選人逮捕下獄，然後在獄中具文申請退出競選。工人則由監工帶領投票，不用祕密投票的方式，計票員亦由政府官員擔任。大選結果，政府提名當選者二十七人（占20%）。英、美指責這種選舉不符雅爾達會議之協議而加以抗議，但蘇聯拒絕接受。

波蘭人民共和國政府遂於1947年2月6日成立，比魯特為總統，以西蘭克耶維契 (Józef Cyrankiewicz)（社會黨左翼領袖）為總理，副總理為三人，除戈慕卡之外，另增兩名波共分子，其餘重要閣員職位，大多經由共黨擔任。除共黨外，其餘政黨均停止活動。麥考拉吉克被迫辭掉副總理一職，因在西姆中屢受攻擊，甚至指其為外國間諜，該年10月，麥氏在共黨恐嚇脅迫之下去國

求生，當其逃及倫敦晤及邱吉爾時，邱吉爾極為驚訝。

　　1948 年 3 月，西蘭克耶維契訪問莫斯科，與史達林會商決定，同年 12 月將波蘭社會黨（Polska Partia Socjalistyczna，簡稱 PPS）融入波蘭工人黨之中，改稱「波蘭統一工人黨」（Polska Zjednoczona Partia Robotnicza，簡稱 PZPR）。此外，波蘭民主黨亦融入農民黨之中，改稱「聯合農民黨」。其他非馬克思主義的知識分子和職業團體則合併為「民主黨」。1951 年，各黨聯合成立「全國統一陣線」，為政府御用工具。實際上政權均由波共一黨控制。

　　從波蘭政局的變動可以看出東西方勢力消長的情形，西方希望波蘭可以成為資本主義體制的前進基地，但蘇聯希望波蘭成為社會主義帝國的堅強堡壘，波蘭人的無奈可見一斑。為了加強對社會文化之統制，成立各種外圍組織以傳達黨的旨意，謂之「輸送帶」，如：共青會、作家協會、科學院等，並以「公安部」作為箝制思想言行之工具。1953 年開始對付國內另一個最足以和共黨抗衡的勢力——天主教會，將其主教囚禁，於是揭開了兩大信仰體系長達數十年鬥爭的序幕。

二、波蘭蘇維埃化的實施

　　1948 年 9 月，具有民族主義色彩的波蘭工人黨第一書記戈慕卡被罷黜幽禁，改由親俄的比魯特接任波蘭統一工人黨第一書記，史達林主義乃積極實施以下措施：軍事上任命俄裔波籍的羅科索夫斯基 (Konstantin Rokossovsky) 將軍為副總理兼國防部長，實施軍事統治，由俄國軍官訓練，武器由俄供給，封鎖邊界；經濟上

圖 30：華沙科學文化宮　此建築由蘇聯援建，1955 年落成，高約兩百三十四公尺，是當時波蘭境內最高的建築物，也是華沙的標誌性建築，更被視為蘇聯干涉波蘭政權的象徵。目前大樓裡設有和科學文化有關的機構和組織，具有傳播科學與文化的功能。

實施「六年計畫」(1950～1955)，以重工業為重點。在土地改革上對農業集體化不敢急進。銀行、保險公司及大企業均由國家接管；藝術上社會主義的寫實主義是文藝活動的指導原則。

　　戰後波蘭的第一部憲法即《1952 年憲法》，堪稱史達林主義的具體表現，是仿照蘇聯 1936 年的《史達林憲法》。在這部憲法的前言中特別強調波蘭共產黨是政治的最高領導核心，蘇聯是波蘭的保護者，波蘭對於蘇聯除了感激之外並應對其效忠。西姆為最高權力機關，新憲實施後不設總統，由西姆選出「國務委員會」行使總統職權，委員會設主席一人，地位相當於總統。

　　波蘭是一個信仰天主教的國家，教會勢力極大，其他東歐國家無可比擬。波共政權對教會採取敵對態度，對教徒加以迫害，教會財產大半充公。教廷乃下令將支持波共的教徒開除教籍。1948 年維辛斯基 (Stefan Wyszyński) 奉派為華沙、格涅茲諾的大主教（後升樞機主教）設法與政府妥協。但新憲終將保護宗教的條款取消，將維辛斯基樞機主教幽禁，教士多人被捕。

三、戈慕卡的民族共產主義 (1956～1970)

　　1956 年比魯特逝世後，波共分裂，贊成改革的波共分子推舉有濃厚的民族主義和修正主義傾向的戈慕卡接任第一書記。

　　戈慕卡時代歷時十四年，這是一段「民族共產主義」時期。他的重要施政有：對祕密警察的權力加以限制；迫國防部長羅科索夫斯基辭職，改由波人擔任各級軍事指揮官；放寬書報檢查，准許藝術自由表現；釋放政治犯；與教會和解並釋放被囚教士；准許黨內民主；實行「非中央化經濟計畫」，准許工人成立「勞工委員會」，實行工廠自治，以利潤與市場價值決定產銷；緩行農業集體化，准許農民退出集體農場。

　　1966 年，為波蘭建國及接受天主教一千年紀念，波共熱烈慶祝，波蘭藉機與西德聯絡，邀請西德教友前往參加，於是打開德、波的接觸，鋪下德、波簽約的基礎。戈慕卡時代的重要外交成就，為 1970 年西德總理布蘭德 (Willy Brandt, 1913～1992) 的來波訪問，布蘭德在「納粹暴行遇難人士紀念碑」前獻花，長跪懺悔贖罪。1970 年 12 月 7 日雙方簽訂《華沙條約》，德國承認奧得奈塞

圖 31：「華沙之跪」 1970 年 12 月西德總理布蘭德在紀念碑前敬獻花圈後，突然下跪為在納粹德國侵略期間被殺害的死難者默哀。這一舉動引起德國國內乃至世界各國的驚動，稱為「華沙之跪」。結果極大的提高了布蘭德和德國在外交方面的形象，被標誌為戰後德國與東歐諸國改善關係的重要里程碑，1971 年布蘭德獲得諾貝爾和平獎。

河一線為波蘭西界，此舉總算使波蘭擺脫被蘇聯控制的枷鎖。波蘭在國際裁軍問題上時常採取主動，戈慕卡及其外交部長拉巴斯基在聯合國大會不斷提議，將中東歐建為非核子區，是為「拉巴斯基計畫」。

　　1968 年「布拉格之春」戈慕卡為保護自己的權力地位，出兵鎮壓，內政外交回到 1956 年以前的老路。1970 年格但斯克港的

「列寧造船廠」工人示威暴動，起因為市政府大幅提高食物價格，並在聖誕節前夕實施新的工資標準，引起工人強烈反抗，要求改善經濟、准許工人自己控制工會，但遭鎮壓後戈慕卡政府也隨之垮臺。

第二節　蘇聯集團

　　二次大戰之後，蘇聯之所以能夠牢牢控制東歐國家，乃係設計兩個鎖鏈來加以牽制，其一，以集體安全為幌子，建立華沙公約組織，利用軍事手段來掌控東歐國家政治與安全行動；其二，透過經濟互助委員會 （Council for Mutual Economic Assistance，簡稱 CMEA 「經互會」） 的安排，來制約東歐各國的經濟發展，並阻斷東西歐之間的聯繫。顯然地，莫斯科的陰謀相當有效的驅使這些東歐國家不得不追隨其社會主義路線。

　　1947 年 9 月 ， 蘇聯駐聯合國代表發表了一篇措詞嚴厲的聲明，指責杜魯門主義和馬歇爾計畫是意圖使受援國放棄自己的發展道路，轉而直接依賴美國的壟斷資本。美國透過馬歇爾計畫擴大對歐洲的商品和資本輸出，促使歐洲國家處於美國經濟的支配之下，並藉此得以左右各國的內政。美國恢復西歐占領區的經濟生機，作為自己在歐洲擴張的基地，利用英、法等國來對抗蘇聯和東歐共黨國家，試圖把歐洲分裂為兩個陣營。有鑑於此，蘇聯為了抵制和消除馬歇爾計畫帶來的衝擊，防止東歐國家為了經濟援助轉而向美國靠攏，提出了「莫洛托夫計畫」，企圖通過和東

歐國家簽訂一系列的貿易、換貨、支付和科技合作等經濟協定來加強彼此的聯繫。1949 年 4 月，蘇聯進一步在「莫洛托夫計畫」的基礎上，聯合保加利亞、匈牙利、波蘭、羅馬尼亞和捷克斯洛伐克於莫斯科正式成立社會主義國家「經濟互助委員會」。

「經互會」的成立奠定了社會主義國家多邊經濟合作的基礎，帶動了社會主義集團國家在 1960、1970 年代快速的工業化積累。但是，作為冷戰時期對抗美國遏制政策的產物，「經互會」不可避免的沾惹上「大國主義」的色彩，成為一個以蘇聯為首的、封閉的經濟集團，各成員國的經濟發展直接和蘇聯的計畫經濟掛勾並受其支配，美其名為國際合作和專業分工，實際上一切均以蘇聯利益為考量，根本沒有平等對待可言，為日後的解體埋下伏筆。經互會在蘇聯瓦解之後，也無法維持而宣告解散。

1955 年，西德正式加入北大西洋公約組織，意味著將打破戰後德國非武裝化的限制，這是蘇聯所無法容忍的，因而在 1955 年 5 月 14 日於波蘭的首都華沙與東德、波蘭、匈牙利、捷克斯洛伐克、羅馬尼亞及阿爾巴尼亞等六國簽訂《友好、合作暨互助條約》，簡稱《華沙公約》(*Warsaw Pact*)。該條約第三條規定，當任何一個締約國認為產生了對一個或數個締約國發動軍事進攻的威脅時，締約國各方為保證聯合防禦和維護和平與安全的利益將立即進行諮商。東歐社會主義國家除南斯拉夫以外，其他全部加入華約組織。

此外，締約國也決議成立一個共同軍事指揮部，並允許蘇聯派軍進駐各國，華沙公約組織的成立，象徵著兩大完全對立的軍

事政治集團對抗的開始。1956 年，匈牙利國內發生反共抗暴事件，蘇聯領導人赫魯雪夫 (Nikita Khrushchev, 1894～1971) 乃決議派軍鎮壓。此舉引起西方國家的撻伐，並試圖將此一問題提到聯合國 (UN) 來進行討論，但蘇聯以干涉他國內政為由，迫使聯合國不予討論該問題。1968 年 8 月，當捷克斯洛伐克進行內部改革欲走向自由化之際，赫魯雪夫的繼任者布里茲涅夫 (Leonid Brezhnev, 1906～1982) 指揮華約國家的軍隊前往鎮壓，撲滅反抗勢力，而阻止捷克斯洛伐克脫離社會主義大家庭。上述兩例皆說明蘇聯試圖以軍事同盟的名義，實際完全掌控東歐共產國家的舉動。在此值得一提的是，1960、1970 年代正當中、蘇關係惡化時，波蘭追隨蘇聯，和莫斯科砲口一致，也對中共當局提出尖銳批評，直到 1980 年代中期以後，波、中關係始逐漸有所改善。

1989 年 11 月 9 日，柏林圍牆倒塌，原屬華約和經互會的東德，又於 1990 年 10 月 3 日和西德完成和平統一。1991 年 3 月，六個成員國的代表宣布停止一切軍事行動。同年 7 月 1 日，華約正式瓦解。為此，波蘭實現民主化，乃有賴解除華約組織和經互會這兩個枷鎖。

第三節　改革運動的滋長

東歐諸國在 1989 年到 1990 年期間風雲變色，東歐就此跨入一個新的紀元。二次大戰後在東歐建立起來的共產政權，專權統治四十五年之後，忽然瞬間崩裂，而籠罩在東歐的不自由，也隨

之煙消雲散。1950 年代中期，美國總統艾森豪 (Dwight Eisenhower, 1890～1969) 與國務卿杜勒斯 (John Dulles, 1888～1959) 所提出的「骨牌理論」(Domino Theory)，沒有想到在東南亞地區無法實行，卻在東歐地區得到了實踐。共產黨瓦解的因素有：共產主義和共產制度本身的缺失，造成了自己的毀滅。共產政權都有幾個基本的共同特質，分別是政權共黨獨裁、集權中央、農場集體化、企業國有化、思想信仰一元化、實施不同程度的恐怖統治、蘇聯領袖戈巴契夫 (Mikhail Gorbachev, 1931～) 的倡導與影響。

一、吉瑞克的十年統治 (1970～1980)

戈慕卡之後，吉瑞克 (Edward Gierek, 1913～2001) 由波共推舉為第一書記，他的經濟政策是吸引外國技術，購置外國現代化設備，與外國廠商合作，吸收外國投資，以促成工業的快速發展，並盼以新的工業產品向外傾銷，利潤所得即用以償還外國貸款。最初頗具成果，投資金額一度高達六十億美元，但好景不常，再加上世界能源危機，使波蘭受傷頗重。吉瑞克不得已只好求助蘇聯，但蘇聯也無力支援。因此波蘭自 1976 年起又走回戈慕卡失敗的老路，大幅提升食物價格 60%，工資雖配合調整，但受益者僅限高所得階層。政府未償還外債的利息，必須增加輸出，除工業產品外，糧食及消費品也列入，以致食物漲價、肉類缺乏、電力減少，影響民生。

1976 年發生大罷工，公開抗議的文件不斷出現，有所謂〈十

圖 32：1979 年教宗若望保祿二世當選教宗後首次回到波蘭向人民佈道

一人請願書〉、〈五十九人陳情書〉、〈十三人請願書〉，天主教知識
分子也加入行列。工人自組「勞工保護委員會」（Komitet Obrony
Robotników，簡稱 KOR。1977 年重新命名為「社會自衛委員會」
Komitet Samoobrony Społecznej，簡稱 KSS-KOR）等。不過，在
反對陣營中，意見也不一致，碼頭工人、煤礦工人和煉鋼廠工人
絕不願接受教授、記者、文藝作家等文人的領導，他們把知識階
級視為「特權階級」，是一批享受特權的「搖椅抗議者」，而知識
分子也把工人視同「泥土中的鹽粒」，雙方格格不入，一直到
1980 年「團結工會」(Solidarność) 崛起時，這兩支反對勢力──
工人與知識分子才合流為一股強大力量。

二、波蘭共產政權垮臺因素

㈠經濟方面

當時波蘭在社會主義制度下，最為人詬病的就是經濟問題。缺乏效率的制度使得生產落後，直接影響到人民的民生。問題一旦爆發，便會使人民無法忍受通貨膨脹的衝擊，進而引起罷工和抗議，造成社會秩序不安定。

㈡政治方面

在政治體制方面，因為共黨世界的官僚系統無所不在，且缺乏制衡的力量，貪污腐敗自然很難避免，執政者又沒有解決事情的能力，再加上反對勢力的崛起，民心對執政者失望，轉而支持反對勢力。

㈢社會方面

天主教在波蘭歷史上具有強大的信仰力量，可是當波蘭受到赤化之後，與共產黨的無神論產生了極大的矛盾，共產黨想盡辦法想消滅天主教，甚至用迫害的方式，反倒引起極大的不滿，在共產黨迫害人權時，天主教往往站在人民這一邊，尤其是若望保祿二世對波蘭更起了極大的正面影響。

㈣國際方面

戈巴契夫對蘇聯的改革帶動波蘭改革的契機，再加上蘇聯內外部皆有相當的問題無暇他顧，波蘭人民追求民主和自由的氣氛便一發不可收拾。

㈤心理方面

　　波蘭人曾經歷過多次的動盪且有多次被瓜分的慘痛經驗，再加上經濟的惡化，人民意識到若不再做積極的改革，到時國家將面臨崩潰的可能。執政者（賈魯塞斯基 Wojciech Jaruzelski, 1923～2014）也意識到不能再排除異己，必須和反對派和解，反對派（團結工會）也意識到不能一味訴諸於罷工否則會更加重社會的不安，於是兩方始能坐上談判桌。加上 1989 年團結工會在選舉中的大勝，終於成立東歐第一個「非共化」政府，擺脫波共羈絆。

第九章 | *Chapter 9*

團結工會的崛起和
共黨政權的崩潰

第一節　團結工會的崛起及其發展

一、崛　起

　　團結工會在 1980 年成立之後，就成為反抗波共政權的中心。最初的要求，只限於生活條件的改善等有關經濟的問題，後來的活動才涉及政治方面的問題。他們瞭解外在的環境，所以並未幻想推翻共黨政治，另建西方式的民主政權，他們只想少許改變共黨現行的僵硬作風，使它變得更人性化一點。

二、1980 年代初期的罷工運動

　　1980 年 7 月，吉瑞克的政府面臨經濟危機，決定減緩工資調漲，且提高物價，此舉馬上引起波蘭各地工人的不滿。在少數不屬於政府所管的格但斯克列寧造船廠，一位起重機操作員、同時

也是知名勞工運動領袖——安娜・瓦倫第諾維茨 (Anna Walentynowicz) 遭到解雇,點燃罷工運動的引信。於是該年 8 月 14 日,由 1976 年遭開除的電工技師瓦文薩 (Lech Wałęsa, 1943～) 率領群眾,組成罷工委員會,以全國性的大規模罷工向波共政府提出經濟與政治改革的要求。

圖 33:瓦文薩帶領工人罷工抗議 瓦文薩為木匠之子,只受過小學和職業教育,1967 年起擔任電工,目睹 1970 年格但斯克的糧食暴動中警察殺死若干示威者。1976 年反波共運動爆發,瓦文薩積極參與反政府活動。1980 年 8 月在列寧造船廠因食品價格持續上漲而引發抗議期間,瓦文薩被選為罷工委員會首領,與廠方進行談判,罷工者的要求得到首肯,瓦文薩並繼續提出包括罷工和組成自由工會的權利等要求。共黨當局懼怕引起全國性動亂而屈從,於是瓦文薩與波蘭第一副總理雅蓋爾斯基 (Mieczysław Jagielski) 簽訂協議,允許工人有權自由而獨立地組織工會。

　　就政治因素而言，波蘭人民對波共的親蘇政策、一黨專政造成領導階層利用職權貪污營私、人民沒有權利表達政治思想和言論自由等，普遍感到不滿。經濟部分，1970 年代早期，波蘭每年的實際個人收入增加 1% 或 2%，工資提高 10%，當時波蘭被壓迫的人民生活有所改善，對經濟發展產生強烈的期望，於是在經濟突然衰退之後，強烈期望與實際間之差距，乃導致對政府的不滿，進而促使團結工會運動的崛起。

　　約一千萬波蘭工人和農民加入尚屬「半自治」的工會，罷工委員會轉變成一個全國性的工會聯盟，名為「團結工會」，由瓦文薩擔任主席和主要發言人。團結工會具體提出二十條要求，包括了：(1)承認獨立及自由的工會；(2)保證對罷工權利的尊重；(3)尊重表達、印刷及出版的自由；(4)重新賦與 1970 年及 1976 年事件罷工者的權利，釋放政治犯及停止報復；(5)在傳播媒介刊載有關企業間罷工委員會的產生要求；(6)支持罷工者休假；(7)為補償肉價上漲，以二千波幣為基準的加薪；(8)薪資物價計酬法；(9)市場正常，引進肉類配當制；(10)食品國內市場的供應及限制出口；(11)取消商業價格及在國內市場的外匯銷售；(12)領導人士的任命基準為其資格而不是在黨的地位，通過家庭援助的平等及特賣制度的取消，廢除安全團體及黨機構的特權；(13)服務三十五年有權退休；(14)取消養老金與退休金兩種制度的不同；(15)改善社會安全的工作條件，以確保良好的服務；(16)成立足額的幼稚園及托兒所；(17)延長三年間的產假；(18)縮短等候房屋配給時間；(19)增加四十至一百波幣的遣散費及增加獎金等觀念；(20)週六上班的工廠，以增加薪

水或實行自由休息日為補償等。

　　最初，1970 年代的罷工行動中，工人與知識分子並沒有真正站在同一陣線上，但在此次事件下建立的團結工會，成功結合工人、農人、教會、知識分子的力量。雖然罷工運動剛開始時，政府切斷了所有從海岸通往內陸的電話線，媒體也視若無睹，未加報導，可是罷工的消息仍藉由「自由歐洲電臺」、地下的出版刊物和街談巷議，迅速傳遍整個波蘭。因此，罷工運動沿著海岸迅速擴展，迫使港口關閉並造成經濟活動停擺。在「勞工保護委員會」的激進分子和許多知識分子的協助下，勞工開始占領從採礦場至造船廠，各式各樣的工廠。到了 1980 年 8 月 21 日整個波蘭都受到了罷工的衝擊，從沿海城市直到西里西亞工業區的採礦場都陷入停頓。越來越多新的工會成立並且加入罷工聯盟，直至整場罷工潮結束時，罷工委員會已經組織超過六百座工廠進行罷工，遍及全國。

　　由於受到群眾和其他罷工團體廣泛支持，以及國際性媒體關注和聲援，格但斯克的工人們繼續罷工直到政

圖 34：1980 年建成的格但斯克列寧造船廠事件紀念碑

府答應他們的要求為止。在 1980 年 8 月 30 日和 31 日及 9 月 3
日，代表勞工的工會與政府簽下協議，正式接受勞工的要求，這
個協議被稱為《格但斯克協議》(*Porozumienia sierpniowe*)。《格但
斯克協議》被視為打破東歐共黨國家一黨專政的開端。而其另一
項影響是使吉瑞克在 1980 年 9 月被解除職務，改由斯坦尼斯瓦
夫‧卡尼亞 (Stanisław Kania, 1927～2020) 取代。

　　此次罷工事件成功的因素主要是：其一，他們不准罷工者飲
酒並嚴禁任何暴力行為，以免政府乃至蘇聯作為干涉的藉口；其
二，反對分子包括勞動工人、中間階層雇員、工程師、管理者、
知識分子和大學生，緊密的團結在一起，未被分化；其三，波共
幹部官僚的腐化，使得黨與民眾之間的信任距離加大；其四，共
黨意識型態的僵化和黨員信仰的破滅；其五，農工產量降低，生
活日趨困難，尤以食物的匱乏最為嚴重；其六，政府無力應付不
斷發生的經濟危機；其七，天主教會聲望和勢力的提高；其八，
武裝部隊同情人民的痛苦，顯示對政府並非絕對效忠；其九，反
共勢力的抬頭，有共同的目標，很快團結在同一陣線等等。

　　1980 年 9 月瓦文薩正式成立「團結工會」，波蘭政府於 1980
年 10 月承認團結工會。1981 年 9 月 5 日至 10 日之間，展開了第
一次團結工會的全國性代表大會，工會並發表大會宣言《告東歐
所有勞動人民書》，呼籲全東歐勞工起來響應團結工會的行動。會
中進一步提出政治主張，要求國會開放自由選舉、實行工人自治
及經濟改革、廢除共黨一黨專政等，使團結工會合法化，成為一
個不受共黨控制的工會組織。9 月 26 日至 10 月 7 日瓦文薩當選

了主席。由於罷工行動的勝利，在此同時團結工會也由單純的工
會轉變為一個社會運動。《格但斯克協議》的成功，大量的勞工、
知識分子和大學生加入了團結工會或其附屬團體，例如在 1980 年
9 月成立的獨立學生聯盟 (Niezależne Zrzeszenie Studentów) 或是
在 1981 年 5 月成立的農民工會 —— 農業團結工會 (NSZZ
Rolników Indywidualnych Solidarność)，在一個國家裡有超過四分
之一的人口自願地加入團結工會，是當代史上第一次、也是唯一
一次的歷史紀錄。

　　團結工會的成員並不幻想推翻共黨政權，只希望改造波蘭的
社會、經濟結構，使波蘭復興。愛國心和宗教信仰也同樣驅使團
結工會推動改革。團結工會的黨綱寫著：「歷史告訴我們，沒有自
由便沒有麵包。而我們心裡有的不只是麵包、奶油和臘腸，還有
正義、民主、真理、合法性、人性尊嚴、信念的自由以及對共和
國的改革。」

第二節　共黨政權變革的極限

　　波蘭共產政權是實屬蘇聯附庸國，由於波蘭長期以來的反蘇
傳統，因此 1947 年以來，波共即使以工人階級和無產階級的代言
人為由而掌權，仍無法受到波蘭人民足夠信任。1956 年 6 月 28
日，波蘭歷史上第一次對波蘭統一工人黨政府發動的大規模罷
工——波茲南事件 (Poznań 1956 protests)。事件的起因是波蘭統一
工人黨政策錯誤，導致國內整體經濟發展狀況不良、國家貧窮和

圖 35：波茲南事件

人民不滿。當天，波茲南 Cegielski 工廠聚集了一萬六千多名工人，以示威遊行方式向政府要求更好的待遇和較低的稅賦，並派代表去華沙向政府遊說，然而傳言代表遭到當局逮捕，於是示威演變成暴動。暴動的群眾來到當地祕密警察總部附近，並且放火燒毀建築。為了阻止暴動，波共政府出動四百輛坦克和一萬名士兵。本事件至少導致七十四人死亡，超過一千人受傷，其中包括一位十三歲的兒童 Romek Strzałkowski，而這個小孩後來成為波蘭的反共象徵之一。

　　波茲南事件以後，波共進行一系列的改革運動，雖曾拉近與民眾的距離，但是長期以來未把國家建設好，使得經濟低迷又引起各地罷工不斷。1976 年波共修改憲法，明定波共是國家的領導角色，同時和蘇聯加強合作關係和友誼，並修憲賦予「救國軍事

委員會」在其發現必要時宣布「緊急狀態」的權力，試圖加強對波蘭的控制。

一、戒嚴令實施

在《格但斯克協議》後，取代原波共第一書記吉瑞克的斯坦尼斯瓦夫‧卡尼亞被莫斯科方面認為，在政策制定與處理問題上太過獨立自主，因此波蘭統一工人黨在 1981 年 10 月 18 日的中央委員會上將他排除，由國防部長兼任內閣總理的賈魯塞斯基取代。

依波蘭科學院 1980 年 11 月公眾意見調查顯示，32% 對共黨有信心，但對教會、團結工會、軍方以及國會和國務會議的信心都高於共黨，而對國會自由選舉支持度也高於共黨。11 月 4 日，格蘭普、瓦文薩、賈魯塞斯基三人舉行首次會談，但無法達成共識。團結工會總部原本決定於 1982 年 1 月 15 日發動公民複決，以決定對波共的信任度。然而在 1981 年 12 月 13 日，賈魯塞斯基開始取締團結工會，頒布《軍管法》，實施戒嚴，並建立了救國軍事委員會（Wojskowa Rada Ocalenia Narodowego，簡稱 WRON）來取代正常政府機能。

依共黨國家的權力結構，軍隊服從黨的指令，本身並不成為一個獨立的政治實體，但戒嚴之後各項情況顯示上述的關係已經轉變。軍方戒嚴時期實行下列四項功能：第一，取代原有地方政府及各個生產單位行政部門的行政功能；第二，向整個社會加強政治教育；第三，維護社會秩序，防範反對勢力的破壞；第四，提升傳統軍人的角色。相對來說，戒嚴後，波共在詮釋社會主義

意識型態、決定國家基本目標、透過黨員的運作調合各機構各階層的利益、引導國家機關的決策、策動民眾參與政府各個階層的決策過程、教育、引薦黨內及各個機構的中堅分子等幾個功能上大幅萎縮，而軍方的角色則相對地膨脹。

　　當賈魯塞斯基宣布《軍管法》之際，特別暗示此乃萬不得已，為避免國內動亂，重蹈捷克布拉格之春的危機，以阻絕蘇聯方面的軍事干預。在格但斯克的團結工會，領導人瓦文薩遭軟禁、受嚴密看守，同時，有數千名團結工會的支持者在午夜被逮捕。過程中也爆發了數百起罷工和占領工廠的行動，但很快就被鎮暴警察驅散。其中最大的一次抗議活動在 1981 年 12 月 16 日於 Wujek 採礦場展開，政府部隊對抗議人群開火，殺害九人並造成二十一人受傷。隔天在格但斯克的抗議活動中，也有一人遇害並造成二人受傷。直到 12 月 28 日罷工風潮暫告平息，而團結工會也似乎暫時停止活動。1982 年 5 月 1 日，格但斯克再度掀起

圖 36：1989 年豎立起 Wujek 採礦場事件的紀念碑

一系列抗議活動，期間最受矚目的示威運動於 5 月 3 日展開，共聚集數千人，他們藉機來慶祝原為國定假日而被共黨非法取消的《五三憲法》日。1982 年 10 月 8 日政府徹底將團結工會列為非法組織並禁止其一切活動。

　　瓦文薩於 1982 年 11 月 14 日被釋放，不過在 12 月 9 日波蘭祕密警察再次展開大規模的反團結工會行動中，逮捕超過一萬多名團結工會的激進分子。12 月 27 日所有團結工會的財產都被政府沒收，轉移給由波共創建的工會 —— 全波蘭協議工會（Ogólnopolskie Porozumienie Związków Zawodowych，簡稱 OPZZ）。當時，國際社會同聲譴責賈魯塞斯基的行動並聲援團結工會。美國總統雷根 (Ronald Reagan, 1911～2004) 宣布對波蘭實行經濟制裁，並且由中央情報局提供資金給團結工會的地下組織，波蘭民眾也依然支持著團結工會。

二、地下化

　　團結工會行動失敗原因有三點，第一，對蘇聯軍事干預的恐懼。1968 年有捷克的前車之鑑，故波共和教會都希望壓抑團結工會之氣焰，使得蘇聯幾次的邊界演習對其產生更強大的心理壓力。第二，團結工會內部的分裂。早在成立初期，溫和派和激進派就爭議不斷。溫和派的代表如瓦文薩，其與天主教會關係密切，並拒絕與非共黨組織合作，淡化政治色彩。溫和派並不希望波蘭擺脫共產主義，成為西方民主國家的一員，只求改善波蘭共產黨。團結工會較激進一派是由卡欽斯基孿生兄弟 (Jarosław Kaczyński,

Lech Kaczyński) 主導，反對瓦文薩重用前共黨政府高官與共黨妥協，主張與波共劃清界線，甚至制定「除垢法」，清算共產黨員當政期間違法亂紀的罪行。2001 年以後，這派勢力創建法律正義黨，躍居波蘭政黨主流之一。瓦文薩反對建立中央集權系統，對團結工會的各地工會採取自主狀態。也有人主張工會只做經濟性抗爭，另外有人希望使工會成為推動政治改革的力量。在 1980 年以後至戒嚴以前，顯然是以推動政治改革這一派占優勢，希望經由罷工作為政治鬥爭的手段，兩派的確使瓦文薩的領導受到挑戰。但瓦文薩的主張，使波共和團結工會間維持一種微妙的平衡，雖然團結工會內部意見紛歧不利推動全國性政策，卻也避免招致外力猛烈攻擊。第三，持續的經濟惡化和社會動盪使民眾不安。由於民生物資的缺乏，再加上波共故意壟斷貨源，使商店經常大排長龍，團結工會也逐漸不再受人們支持，也因此軍方能以維持社會秩序為理由，進行鎮壓而不再引起反抗。

　　而團結工會失敗的最主要原因便是策略不統一，經過這次，團結工會手段終於由溫和穩重轉為極端、衝動。雖然 1981 年 12 月 13 日，波共當局實施戒嚴，團結工會乃成為非法組織，轉入地下活動；但是波共的軍事統治並不能消滅波蘭人民嚮往自由民主的意願，工運領導者開始冷靜反省，並改變抗爭策略，於是團結工會開始另一次的蛻變。

　　戒嚴法在 1983 年 7 月解除，政府也對許多遭監禁的工會成員頒布了一次特赦令。許多團結工會分子在 1984 年 7 月 22 日被釋放。瓦文薩獲得了諾貝爾和平獎（1983 年），間接提高團結工

會在國際的能見度,但波蘭政府拒絕給他護照使他無法出國,只能由他的妻子代為領獎。後來還證實,當時波蘭祕密警察準備了許多偽造的檔案,作為瓦文薩不道德和進行非法行動的證據,準備交給諾貝爾委員會,試圖取消瓦文薩的候選人身分。

在 1984 年 10 月 19 日波蘭祕密警察謀殺了一名相當知名的團結工會支持者波比耶烏什科 (Jerzy Popiełuszko, 1947～1984) 神父,在謀殺的真相揭開後,輿論譁然,數千名團結工會支持者一同參與了葬禮,波共政權喪失民心。

第三節　談判革命促成和平演變

在 1985 年 3 月 11 日蘇聯領導人戈巴契夫上臺,他代表了蘇聯國內新的一批希望改革的世代,此時包含蘇聯在內的東歐社會主義國家經濟情況越加惡化,迫使戈巴契夫在經濟、政治和社會上展開一些改革。他的政策很快造成蘇聯及東歐國家的政治轉變,例如波蘭人民共和國在 1986 年 9 月 11 日,釋放兩百二十五名波蘭的政治犯。9 月 30 日瓦文薩創建第一個公開的也是合法的團結工會組織——NSZZ 團結工會暫時會議 (Tymczasowa Rada NSZZ Solidarność),遍布波蘭的許多團結工會分會也陸續的公開。到了 1987 年 10 月 25 日,成立了 NSZZ 團結工會國家執行委員會 (Krajowa Komisja Wykonawcza NSZZ Solidarność)。

雖然比起前幾年較為輕微,不過團結工會的成員和行動分子遭到迫害和差別待遇仍時有所聞,而且工會內部分裂為兩個派系,

一派為以瓦文薩為首希望與政府進行談判，另一派較為激進的派系則計畫進行反共產主義的革命。

一、團結工會的轉變

在地下化這幾年中，團結工會放棄了早期的左翼立場，並接受以市場化改革取代工人自治作為主要改革綱領，此一向右修正和波蘭當前的經濟困局有直接關係。整個波蘭的改革目標乃朝向西歐的民主社會主義之路邁進：實行市場經濟與獨立工會保障勞工經濟權益。

政治的決策仍交給知識分子處理，但是在制度上設計採取了「新組合主義」的策略，強調階級和諧取代階級鬥爭，工人代表象徵性被納入官僚體系。而社會公道及照顧工人福利的目標也不再視為絕對的，追求市場效能為第一優先，而此政治框架底下，團結工會的功能也將逐漸變成和西方工會沒有兩樣了。

但是到了 1988 年，經濟狀況比八年前更加惡劣，國際間的制裁加上政府缺乏改革的意願，使既有問題加劇。國有企業在計畫經濟上浪費勞力和資源，生產的產品低劣且不符合市場需求，又受到國際抵制，波蘭產品的出口量極低，也缺乏足夠的資本實行老舊工廠現代化。總理米奇斯瓦夫‧拉科夫斯基 (Mieczysław Rakowski, 1926～2008) 推行的改革開始得太晚，規模也太小，而蘇聯國內的改革也使蘇聯無餘力繼續支撐其他國家。

二、和平談判

1988 年 4 月 21 日，從 Stalowa Wola 的煉鋼廠展開新一波罷工行動。來自格但斯克造船廠的工人於 5 月 2 日陸續加入。這次罷工行動遭政府於 5 月 5 日至 5 月 10 日先後鎮壓，但並沒有完全控制。其後，8 月 15 日在亞斯琴別・茲德魯伊 (Jastrzębie Zdrój) 的一座採礦場，工人罷工再度展開，到了 8 月 20 日罷工已經迅速蔓延至其他採礦場，8 月 22 日格但斯克造船廠也加入了罷工行列，波蘭政府這次決定與工人展開談判。

8 月 26 日，內政部長切斯瓦夫・基斯查克 (Czesław Kiszczak) 在電視上宣布政府有意願進行談判，五天後他與瓦文薩會面，為此，罷工就在隔天結束。在 10 月 30 日舉行的一場瓦文薩與 Alfred Miodowicz（親政府的工會——「全波蘭協議工會」的領導人）的電視辯論中，瓦文薩藉由辯論贏得波蘭史上工人運動難得一見的勝利。

12 月 18 日，有一百名成員的公民委員會 (Komitet Obywatelski) 在團結工會內成立。它是團結工會內部因對政府的反對程度不同而產生的分歧之一，每個派系在反對政府的看法上都有所不同。以瓦文薩和大多數團結工會領導人為首的派系支持進行談判，不過仍有少數派系主張反共產主義的革命鬥爭。無論如何，團結工會在瓦文薩的領導下，決定訴諸和平手段進行；而主張暴力革命的派系從來沒有獲得太大權力，也沒有採取過任何行動。

圖 37：圓桌會議

　　1989 年 1 月 27 日，以瓦文薩為首的反對勢力代表團共五十六人，與基斯查克為首的政府代表團在華沙進行「圓桌會議」，與會成員包括團結工會、OPZZ 團結工會、波蘭統一工人黨、獨立權威人士以及教會神職人員，就政治、經濟和團結工會合法化等主題進行討論，顯示其對各方改革要求的重視。1989 年 2 月 6 日直到 4 月 4 日，以賈魯塞斯基為首的波共政府希望能吸收突出的反對派領袖加入執政團隊，而無需變更現有的政治結構。在實際上，這場圓桌會議徹底改變了波蘭政府和社會的型態。

　　1989 年 4 月 6 日，波蘭當局與團結工會達成協議，在政治自由化方式下，團結工會要求改革的核心對憲法大幅修改，包括讓團結工會合法化以及承諾不打壓反共黨的團體。改革的核心涉及對憲法大幅修改，將國會分為上下兩院，上院議員的產生完全開

放競爭,而不替共黨或任何其他政黨指定基本席次,至於傳統上
由共黨及其他忠於共黨的小黨所組成的國會下院,在波共和其尾
巴黨擁有 65%,團結工會 35% 的席次條件下,開放為公開而自由
競爭的選舉。從此,打開了波蘭邁向政治民主化的道路,削弱了共
黨對波蘭社會的控制,但在技術上,共黨仍保有掌握政權的優勢。

三、大選與新內閣

　　波蘭共黨將國會選舉日期訂在 1989 年 6 月 4 日、總統選舉
日期訂在 7 月中,想讓既欠缺資源又缺乏準備的團結工會得不到
任何勝算,但適得其反。選舉法規定團結工會可以推派 35% 議席
的眾議院候選人,但並沒有限制參議院參選人的數量。宣傳活動
得以在投票日之前合法進行。在 5 月 8 日第一份支持團結工會的
報紙《選舉日報》(*Gazeta Wyborcza*) 開始發行,瓦文薩與其他候
選人的宣傳海報傳遍全國。

　　在一次選舉前的民意調查指出,波蘭的共產黨政府將會獲勝,
但選舉結果是團結工會大獲全勝。這同時也是第一次在東歐共黨
政權國家,立法機關由非共黨人士所控制,下院中凡未分配給共
黨及其盟黨的席次,也都讓非共黨候選人贏得。這場選舉徹底擊
敗了統一工人黨和其傀儡政黨,團結工會不可思議的獲得壓倒性
勝利也震驚了許多歐洲人民。

　　面對團結工會選舉勝利,波共束手無策。蘇聯方面,戈巴契
夫則主張雙方協商合作,並不予以施壓。團結工會隨即與賈魯塞
斯基協商,由工會組成內閣,總統一職仍由賈魯塞斯基擔任,但

是必須辭去波共總書記和政治局委員的職務。賈魯塞斯基當選總
統後本任命基斯查克（原內政部長）當新任總理（新總理必須在
兩週內提出內閣名單），但團結工會拒絕與基斯查克合作，且波共
內部也有人反對，基斯查克知難而退，宣布放棄組閣權，波共遭
遇到組閣的難題。此時在團結工會裡面的顧問卡欽斯基開始和小
黨（統一農民黨、民主黨）進行接觸，談到小黨必須脫離應聲蟲
的角色，成功的說服小黨支持他，又說服瓦文薩，之後又盡力獲
得了東西方強權的支持，最後與賈魯塞斯基總統見了面，以瓦文
薩所推薦的馬佐維耶茨基 (Tadeusz Mazowiecki) 當新任總理❶；
當時賈魯塞斯基總統沒有選擇的餘地，若他不接受團結工會的要
求，就得重新宣布舉行大選，但是波共可能會再度重挫，所以只
能接受，但仍要求部分職位要為共黨人士。8 月底以團結工會為
首的聯合政府形成。迄至 1989 年 9 月初，波蘭成為蘇聯集團中，
第一個不單擁有非共黨的總理，而且也有共黨居少數的聯合內閣
的社會主義國家。

　　新政府並且宣布波蘭決不脫離華沙公約組織，藉此取得蘇聯
的諒解。莫斯科方面隨即聲明，波蘭內閣的改組，係屬波蘭內政
問題，蘇聯不干涉。此舉顯示蘇聯已經放棄「布里茲涅夫主
義」❷。

---

❶　於大學時主修新聞，1980 年擔任團結工會刊物《團結週刊》的主編，
　　1981～1988 年政府壓制團結工會期間，他與瓦文薩的關係逐漸密切，
　　並曾擔任 1989 年政府與團結工會談判的調停人。
❷　即指任何共產國家，只能享有有限度的自由，否則就要受到共產集團

團結工會的勝利，乃是民眾對共產政治的壓迫性與經濟的不當管理提出抗議。不滿波蘭政府依附蘇聯史達林主義之集體化及附庸化政策，拖累波蘭的國家發展，並想藉此機會改革共產制度。團結工會運動本身不只是獨立的工會運動，而是代表整個波蘭人民反對蘇聯社會主義的一切政治、經濟、社會、文化支配所進行的反抗運動。

四、邁向民主化

1989 年 12 月，波蘭國會廢除了共黨領導地位的憲法第三條，並以憲法修正案把 1952 年採用的國家名稱 「波蘭人民共和國」(Polish People's Republic) 改回為二次大戰之前的國名——「波蘭共和國」(Polish Republic)，稱波蘭為「實踐『社會主義正義』的民主法治國家」，賦予波蘭政治體制自由與多元主義的特質並且保障組黨的自由，讓所有政黨在法律之下享有平等的權利。同時又強力推動一系列改革，終結社會主義經濟、完成政治的民主化。

在經濟方面，新政府希望降低共黨錯誤管理下，因稀少與短缺所造成的過度通貨膨脹，盡快恢復經濟，回歸私人所有。並停止國家對生產與分配的壟斷，落實穩定波蘭貨幣，使可以在西方兌換之政策，取消所有津貼，也不再設價格規定。在脫離社會主義經濟的過程中，為整個波蘭社會帶來嚴重的困難，進行自由市場改革的另一個問題，是需要經援以舒解改革帶來的困難，而國

的聯手制裁。

際貨幣基金會 (IMF) 願意提供貸款，但前提是華沙當局必須採取嚴格的緊縮計畫，以控制通貨膨脹，但這樣做卻有極大的政治風險。

　　政治上，馬佐維耶茨基政府讓共黨政權時代，一向聽命於華沙中央政府的地方機關享有更大的自主權，地方當局可以在中央的撥付款之外開徵地方稅，並希望除去行政高層中的共黨分子，使賈魯塞斯基總統無法領導國家。

　　1990 年 1 月，波共在華沙自我改造為一個新的組織，稱為「社會主義民主黨」(Socialist Democracy Party)，這是東歐繼匈牙利共產黨後第二個改變名稱的共產黨。在波共大會中，原任主席拉科夫斯基公開批評馬克思主義的實踐，已經引起了經濟發展的停滯，乃因其缺乏發展和勤奮工作的誘因與動機，接著又宣稱「共產運動的最大缺點和失敗，是他放棄的政治上的民主」。波共的主張為要求改革與發展市場經濟，但為了公平與效率，仍然要讓國家能保有某種程度的干預，試圖讓民眾在團結工會外有其他選擇，但卻得不到任何支持。

五、第一次總統直選

　　團結工會本身自 1990 年 7 月也開始發生分裂。總理馬佐維耶茨基原本為瓦文薩的戰友，經瓦文薩推薦出任總理，當以溫和穩健著稱的馬佐維耶茨基正在拯救經濟時，波蘭人民對其步調緩慢感到不耐，這使瓦文薩再度領導工人抗議活動。在 1990 年 4 月時他在一場工人集會中表示他要強迫賈魯塞斯基總統下臺，並批評昔日親密戰友馬佐維耶茨基改革過慢，在團結工會第二屆全代

會中再度當選主席。6 月，他與馬佐維耶茨基和工會就徹底決裂，不但徹底批評且宣稱他必須成為波蘭總統，後來，導致了團結工會的分裂。8 月，支持瓦文薩的議員呼籲賈魯塞斯基下臺，賈魯塞斯基亦正式宣布提早下臺以防止社會動亂。9 月，波蘭通過憲法修正案，總統變為全國直選產生，而馬佐維耶茨基亦表示將與瓦文薩角逐總統。1990 年 11 月 25 日波蘭舉行總統大選，瓦文薩組成「中央聯盟」；馬佐維耶茨基組成「促進民主的人民運動」與瓦文薩分庭抗禮，此外還有一位名叫狄民斯基的企業家也來角逐總統的寶座，他認為在波蘭揚棄了共產主義而改行資本主義經濟制度的關頭，正需要一位像他這樣具有實際經驗的經理人才。開票結果由瓦文薩獲得大選，但是其得票率也不過 40.41%。因為沒有一個人在第一回合的競選中取得過半的票數支持，必須在 12 月 9 日再作決選。同年 12 月 22 日決選結果由瓦文薩獲得壓倒性的勝利（獲票率為 77%），當選為波蘭第一任的民選總統。

　　瓦文薩協助引導波蘭走過第一次國會自由選舉的道路，看顧接續的內閣將波蘭國營經濟轉變為自由市場體制。瓦文薩任團結工會領袖時展現出色的政治手腕，但其乏味的言辭和對抗的作風，加上他拒絕放鬆波蘭國內嚴格的墮胎新禁令，使他在總統任期晚期逐漸失去民心。1995 年他尋求連任，但以極小差距敗給前共產黨人民主左派聯盟領袖克瓦希涅夫斯基 (Aleksander Kwaśniewski)。

波蘭展現強韌的生命力

第十章 | *Chapter 10*

後共產主義時期的新貌

第一節　經濟改革轉型

　　1990 年代波蘭進行經濟改革的兩個重要任務。一、面對極不平衡的市場，必先穩定經濟作為經濟改革的條件。二、保障經濟過度與長期穩定成長的體制綱領。共產黨統治末期的波蘭生產萎縮和惡性通貨膨脹，在 1990 年實行震撼治療 (Shock Therapy) 初期又產生的高物價、高失業和負成長，而後再進入物價下跌，經濟開始重新成長，最後通貨膨脹控制在 20% 左右，經濟成長到7%。震撼治療的實施使波蘭在所有後共產主義國家中相對受經濟挫折痛苦最少，並且成為同期中、東歐國家實施經濟改革，最早擺脫由於改革所造成的衰退，也最早踏上經濟穩定成長的轉型國家。由波蘭經驗得知經濟轉型成功的主要因素是產權配置與政權型態。

　　波蘭的經濟改革主要分為幾個重要時期：其一，「震撼治療」

圖 38：巴爾策羅維茨

之一：巴爾策羅維茨改革 (1990～1991)；其二，「震撼治療」之
二：沒有巴爾策羅維茨的巴爾策羅維茨改革 (1992～1994)；其三，
波蘭戰略 (1994～1997)；其四，經濟轉型完善期 (1998～2001)。
現分述如下：

一、「震撼治療」之一：巴爾策羅維茨改革 (1990～1991)

　　1989 年美國經濟學家，哈佛大學教授薩克斯向波蘭提出所謂
「震撼治療」，馬佐維耶茨基政府建立後便開始進行全東歐第一個
採用「震撼治療」形式的經濟改革。這個改革計畫由國際貨幣基
金會所支持，並由副總理兼財政部長的巴爾策羅維茨 (Leszek
Balcerowicz) 所一手策劃。馬佐維耶茨基政府將「巴爾策羅維茨
小組」裡面的許多核心成員安排至財政部或其他重要的經濟部門
任職，且於 1989 年 12 月中，主導部長會議向國會提出「震撼治

療」法案，法案內容含括稅制、銀行、外匯、投資、信貸和工資管制等，1990 年 1 月 1 日起實施，是一部配套完整的經濟改革計畫。巴爾策羅維茨認為統制經濟缺乏效率，市場社會主義欠缺動力及衝勁，又認為國家資本主義的產業政策會產生與社會主義經濟中的軟預算約束（如政府行為濫權、財政支出膨脹、預算失控等）相同，所以他主張波蘭經濟應全速朝資本主義的自由放任市場轉型。巴爾策羅維茨計畫分四個項目：⑴政府以強力緊縮性的財政政策與貨幣政策穩定經濟；⑵進行市場化及物價改革；⑶對外貿易自由化；⑷推行國營企業私有化，擴大私營經濟的比重。

　　巴爾策羅維茨的穩定化措施，就以強力之總體經濟政策來對抗市場社會主義的經濟結構產生的通貨膨脹。馬佐維耶茨基領導的知識菁英分子支持這項計畫原因有三：⑴波蘭通貨膨脹一發不可收拾，從共產黨最後一任總理拉科夫斯基 (Mieczysław Rakowski) 開放物價與工資後，消費者物價指數從 1988 年的 61% 躍升至 1989 年的 244.1%，因此必須迅速降低通貨膨脹率；⑵團結工會聯盟政府成立初期享有很高聲望，劇烈經濟改革雖會帶來極大的社會成本，但新政府仍有能力推行；⑶巴爾策羅維茨催生計畫因著國際環境。西方國家為和受其控制的主要國際金融機構皆一致支持震撼治療，並將本身對於波蘭的協助和團結工會政府推動改革聯繫在一起，使極度依賴西方國家援助的波蘭新政府無從選擇。

表 1：1990～2000 年波蘭主要經濟指標　　　單位：%

項目\年度	經濟成長（年變動率）	工業成長率（年變動率）	通貨膨脹率	失業率	外　債（占 GDP 之比率）
1990	-11.6	-2.42	585.8	6.3	-
1991	-7.0	-8.0	70.3	11.8	-
1992	2.6	2.8	43.0	13.6	-
1993	3.8	6.4	35.3	16.4	54.9
1994	5.2	12.1	32.3	16.0	47.1
1995	7.0	9.7	27.8	14.9	38.0
1996	6.0	9.2	19.9	13.6	35.3
1997	6.9	10.2	14.9	10.3	36.6
1998	4.8	9.0	11.8	10.4	37.6
1999	4.1	-	7.3	13.0	41.7
2000	4.0	-	10.1	16.0	42.8

　　但是一個由共黨統治多年的經濟結構，並不是那樣容易立即改變，改革的步調與方式都還要再加以調整。由於政府取消補貼政策，終止控制物價，凍結工資增長以減少通貨膨脹，實行企業私營化，建立穩定的可自由兌換的貨幣，緊縮支出。通過這些辦法，馬佐維耶茨基在穩定波蘭的消費品市場、增加出口和修整政府財政等方面獲得了成功，清償了將近四百億美元的外債，但卻以失業急遽增長和實際工資下降為代價，這波的物價浮動再度造

成社會動盪不安。民眾的不滿情緒因此表現在 1990 年 12 月的總統大選中。

二、「震撼治療」之二：沒有巴爾策羅維茨的巴爾策羅維茨改革 (1992～1994)

1992 年波蘭經濟開始由谷底攀升，工業與國內生產毛額都出現了正成長，這是全歐洲共產黨國家的第一個。波蘭主要是抑制住惡性通貨膨脹，使經濟止跌回升，其成果乃建基於政府能強力緊縮政策控制總需求（尤其是對工資的控制），獲國際貨幣基金會貸款，並擴大私有部門範圍。總需求的控制是經濟政策的結果，然私有部門的擴大是使產業結構基本轉變。1992 年雖經濟大有起色，但工人仍承受了極大的轉型期痛苦，失業率上升到 13.6%，大型國有企業的私有化危及工人基本權益，消費者物價指數又開始上升，造成實質工資率下降。通貨膨脹率由 1990 年 585.8% 下降到 1993 年的 35.3%。國內生產總值從 1992 年開始回升成長 2.6%，在 1993 年成長了 3.8%。對外貿易熱絡，對美匯率逐漸穩定。然 1993 年 9 月舉行國會選舉，由前共黨人士組成的民主左派聯盟（Democratic Left Alliance, Sojusz Lewicy Demokratycznej，簡稱 SLD）及盟友農民黨（Polish People's Party, Polskie Stronnictwo Ludowe，簡稱 PSL）獲得多數，因此結束巴爾策羅維茨時期。

三、波蘭戰略 (1994～1997)

民主左派聯盟及盟友農民黨執政中，通貨膨脹在 1994 年仍是

一嚴重問題。1994 年科勒德克 (Grzegorz W. Kołodko) 擔任副總理兼財政部長時，提出社會主義國家要建立適應市場經濟的新制度。而經濟自由化與保持穩定可能採用激進的改革政策，並非適用新制度的建立和個體經濟基礎重建。市場不只意味私有化和放鬆管制，尚包括：以私有制為基礎的制度得到遊戲規則和支持這些制度的文明社會。 科勒德克將採行之經濟改革策略稱為 「波蘭戰略」，是修正調整激進而迅速的震撼治療，改採漸進穩定措施，有效徹底改善政府對私營與國營企業管理，整個政策帶來穩定經濟成長 (見表 1)。透過加強金融體系運作對於前期遺留有關金融體系之缺陷問題也部分獲解決，擴大其金融調整機制的深度及範圍，以獲得本國或外國銀行援助及貸款甚至從國際資本市場中獲得資金協助公司成長。

四、經濟轉型完善期 (1998～2001)

布澤克 (Jerzy Buzek) 任總理，巴爾策羅維茨再次擔任聯合政府副總理兼財政部長，新政府組成面臨如：工人階級的抵制及管理不善的社會部門，降低財政赤字，刺激經濟成長、就業及減稅方案等，與反對黨否決以及聯盟內部反彈聲浪。加上推動社會改革政策，更加重財政負擔。眾多紛擾導致 2000 年 5 月 28 日自由聯盟退出聯合政府，而克瓦希涅夫斯基於 2000 年 10 月取得總統連任，隨後 2001 年 9 月 23 日國會改選，再次形成總統、總理和國會皆是左派人士擔任的 「紅色三角」 ❶ 。 初期政局不穩加上 1998～1999 年俄羅斯金融危機、德國經濟成長趨緩使波蘭經濟受

影響，但 GDP 成長仍有 4.8% 與 4.1%，2000 年經濟成長仍維持
4%，通貨膨脹率回復到 10.1%，顯示波蘭人購買力受影響，2001
年全球經濟不景氣，通貨膨脹率降至 5.4%，雖波蘭經濟轉型到最
完善階段但仍需解決：失業問題、外債問題及經常帳赤字問題。
此為波蘭未來經濟轉型和經濟發展瓶頸。不過總歸波蘭是中東歐
地區第一個採行激進市場導向經濟改革的國家，其經濟轉型政策
呈現正面效果。

第二節　外交與政治情勢

一、加入北約與伊拉克戰爭

　　後共產主義時期，亟欲融入國際社會的波蘭，在美國的主導
之下，在所謂的「鐵幕」瓦解及象徵歐洲分裂的柏林圍牆倒塌的
十年後，於 1999 年 3 月 12 日加入北約組織。蘇聯時期，波蘭人
民共和國的軍隊數量為五十萬，曾是華沙成員國中最強大的武裝
力量之一。加入北約後波蘭軍隊人數於 2002 年精簡為十六萬，波
蘭亦加入「東北歐多國部隊」（加入國有丹麥、德國、波蘭等），
這支軍隊是隸屬於北約和歐盟的快速反應部隊的組建基礎。精簡
後波蘭軍隊的結構基本沒有變動，包括陸軍、海軍、空軍、防空

---

❶ 1996 年首次於波蘭同時出現左派人士接掌總統、總理和國會，因而稱
　為「紅色三角」。

軍、國際維和部隊和特種部隊,而前蘇聯軍隊院校的老式軍官們認為大規模的裁軍造成波蘭軍隊戰鬥力的大幅下降,但當時波蘭軍隊第一副司令尤素夫‧弗里斯將軍卻認為:現代化的軍隊,最重要的是能對區域性衝突做出快速反應,而不是參加世界範圍的激戰,所以比起高度機動性、靈活性,軍隊數量不是絕對重要的因素,他認為應該重點建設特種部隊。

波蘭總統克瓦希涅夫斯基提出了這樣一個建議:參加北約框架內的軍事行動應當成為波蘭軍隊的一大特色。其一,過去社會主義時期占主要地位的大規模的裝甲兵團已經被空中機動部隊所代替,被稱為「空中騎兵」;其二,一個國家如果不能獨立地承擔起保衛國家的重任,那麼最好的方式就是依靠一個強大的組織;其三,加入北約在經濟上還很划算,北約成員國的軍費是分攤的,波蘭用於國防的預算不超過其國民生產總值的 2%。波蘭加入北約後,並沒有向歐洲盟邦如法國或瑞典進行大筆軍火交易,反而轉向美國購買四十八架 F-16 戰機,是前蘇聯集團國家向美國購買軍事武器最大國,正說明波蘭向美國傾斜,極願意與美國密切合作。

但冷戰結束,美、歐裂痕逐漸顯現,伊拉克戰爭(1993 年)開打後,歐洲就公開分裂了。後九一一時期,以美國為首的全球聯合反恐行動中,波蘭的積極參與,受國際社會矚目。美國前國防部長拉姆斯菲爾德 (Donald Rumsfeld) 曾提出「新、舊歐洲」的概念,「舊歐洲」指的是反伊戰的法、德,還有比利時、瑞典、丹麥、義大利、葡萄牙、西班牙等國,「新歐洲」則指結束了共產專制的十多個原東歐前社會主義國家。

圖 39：波蘭向美國購買 F-16 戰機

　　伊拉克戰爭爆發前，波蘭堅定地反恐立場，表態支持美國對
伊拉克的行動，並主動參與美國所組成的聯軍。藉與美國攻打伊
拉克的機會讓波蘭在國際間的地位進而竄升，即使面對來自德、
法的警告與反對，依舊堅定地站在美國這一邊，波蘭副外交部長
就說：「波蘭有權利做對自己有利的決定，法國應給予尊重，而不
是反對。」布希 (George Bush) 於波蘭文化古都克拉科夫所發表的
演講中提到：其一，美國感謝波蘭在美伊戰爭中的支持，並鼓勵
波蘭加入歐盟；其二，面臨全球恐怖主義、飢餓、愛滋病毒蔓延
等威脅，波蘭沒有選邊站的問題；其三，表面上仍維持與德、法
的傳統友好關係。

　　若回顧波蘭與美國自冷戰以來交往的歷史可發現，彼此間有
微妙的互動關係：一方面，波蘭在美國的移民人口高達一千二百

多萬人，其對美國政經決策足以發揮一定的影響力；二方面，
1980 年代，美國的勞工聯合協會、產業聯合協會曾暗中資助波蘭
「團結工會」的民主運動，致使波蘭得以成功地和平演變；三方
面，因美國主導下，波蘭於 1999 年 3 月順利加入北約。

　　因此，華沙當局必然在盱衡國際情勢之後，作出最有利於其
國家利益的決定，而在反恐議題上，透過與美國密切的保持合作
並且利用美、歐因伊拉克問題呈現嚴重分歧之際，居中協調，無
形中更能提升波蘭在歐洲的地位。伊拉克戰爭爆發前，波蘭聲明
堅定地反恐立場，支持美國對伊拉克的行動，並主動參與美國所
組成的聯軍。在英、美、俄領袖相繼訪問波蘭，對其堅定反恐的
態度給予支持下，波蘭在西方的競合中，作為政經區塊緩衝區的
角色，越顯其重要性。

　　鑑於波蘭擺盪於美、歐的權力槓桿中，美國在未來進行伊拉
克的維和行動中與在歐洲地緣戰略的布局，可能有以下的施為：
(1)北約軍事基地東移：在全球聯合反恐議題下，美國五角大廈正
緊密規劃將北約的部分基地移向東歐，已是公開的祕密，理由如
下：第一、美國國防部正積極研擬將北約組織部署在德國的基地
漸次移往波蘭、匈牙利、羅馬尼亞、保加利亞等國；第二、布希
總統訪歐的行程中，依據其國家安全顧問萊斯 (Condoleezza Rice)
的建議，擁抱俄羅斯、不理德國、微懲法國。可見美國對歐洲的
政策，已逐漸將目光轉向東歐，因此，未來北約的重心很可能移
往東歐，並加強與俄羅斯的合作；(2)在派駐伊拉克的維和部隊中，
波蘭成為第三主力，而提升其在國際維和部隊的分量，以美國為

首的維和部隊架構觀之，波蘭不論在實際參與或負責周邊斡旋的任務中，儼然已成為盟軍的第三主力。

二、政治情勢

自 1989 年波蘭舉行第一次自由的選舉迄今，各主要政黨要不是更改黨名，就是重新洗牌，進行整合，使得每一屆國會改選，政黨名稱都不像西歐國家的政黨那麼穩定，如團結工會於 1991 年分裂，出現過「民主聯盟」、「團結工會選舉聯盟」等名稱角逐國會席次；由波共更名而來的「波蘭社會民主黨」，為了選舉勝算，又和其他左翼政黨結合成「民主左派聯盟」。由於「團結工會選舉聯盟」於 1997 年上臺執政後，因改革不力，又貪贓枉法，令選民大失所望，2001 年乃由原團結工會較清新又有理想抱負的領導階層另組「法律正義黨」（Law and Justice， Prawo i Sprawiedliwość， 簡稱 PiS）和「公民綱領黨」（Civic Platform，Platforma Obywatelska，簡稱 PO），始獲得選民的支持。

2005 年 9 月國會選舉，法律正義黨成為國會第一大黨。總統大選結果，也是由法律正義黨候選人萊赫·卡欽斯基執政，並由其雙胞胎哥哥雅羅斯瓦夫·卡欽斯基擔任總理。是典型的右派政府，推行市場經濟，反對共產主義，而且特別提出要重整「道德秩序」(moral order)。這種保守派政府，和美國的右翼共和黨政府可謂「情投意合」。波蘭政府如趁歐、美間發生齟齬之際，居間擔任調停者，必定再提升國際社會的地位。

究竟 2005 年的波蘭國會大選，顯示那些意義？基本上，有下

列幾點值得一提：民主左派聯盟在上屆大選中囊括 41% 的選票，然而此次卻僅剩 11.4%，究其主因，歸咎於屢屢爆發金融醜聞和政府官員貪污受賄事件等，使選民相當不滿，重蹈上屆右派政府的覆轍，慘遭滑鐵盧。再則，波蘭失業率高達 17.8%，居歐盟會員國之冠，也讓選民對執政黨大感失望。另外，選民對政經環境的快速變化一時甚難適應、中央和地方選舉過於頻繁、選舉惡鬥情形嚴重，以及當選人對政見無力落實深感不滿，致使國會大選的投票率創下新低，僅達 37.6%，比上屆的 46% 足足少了將近 9% 之多。

卡氏兄弟得以在該屆國會大選和總統大選嶄露頭角，一般咸認，係歸功於其一，政治信念始終如一，沒有變來變去，與一般政客迥然有別，弟弟贏得華沙市長在先，哥哥贏得此次國會大選於後，前後相輝映，獲得選民肯定；其二，團結工會和民主左派聯盟執政期間，均爆發嚴重醜聞，使改革進程躊躇不前，失掉選民的信賴；其三，卡氏兄弟形象清新，沒有政治包袱，尤其 1989 年 8 月，波蘭之所以出現第一個「非共化」政府，卡氏兄弟是幕後推手，功不可沒，加上他們一向堅守波蘭天主教的傳統價值觀，因而普獲天主教選民的愛戴。

圖40：卡欽斯基兄弟　卡氏兄弟年幼時曾是波蘭紅極一時的兒童影
星，一同演出過兒童喜劇片《偷月亮的雙胞胎》。1980年代，這對政
治思想活躍的兄弟加入團結工會，成為瓦文薩的重要智囊。1990年
代，波蘭共黨政權垮臺之後，卡氏兄弟擔任政府要職，但與瓦文薩開
始在一些重要問題上產生嚴重分歧：一來，卡氏兄弟認為留任原共產
黨人是嚴重的錯誤，而瓦文薩則認為只要前共產黨人宣布效忠即可任
用；二來，卡氏兄弟指責瓦文薩與殘餘的共產黨勢力妥協的作法偏離
了團結工會創立的初衷；三來，卡氏兄弟力勸瓦文薩放棄震撼治療，
但卻不為瓦文薩所接受，雙方由此漸行漸遠。卡氏兄弟在仕途上的際
遇略有不同，弟弟萊赫曾擔任大學法學教授，團結工會執政時先後出
任國家內務和行政委員會主席、最高檢察院院長，並從2000年6月起
接任團結工會選舉聯盟執政末期時的司法部長。根據波蘭媒體的報導，
萊赫出任司法部長後大力打擊犯罪活動，受到公眾的普遍支持，成為
相當受歡迎的政治家。惟樹大招風，曾有一家波蘭電視臺播放的紀錄

片影射萊赫與十年前的一宗貪污案有牽連。2001 年，波蘭爆發「部長連環辭職事件」，半個月裡四名部長下臺，一週內數起政治醜聞曝光，使政府陷入極端困難境地，萊赫因而黯然下臺。不過未從此影響萊赫的仕途，他在 2001 年成功當選華沙市長，作風特立獨行，絲毫未變。至於哥哥雅羅斯瓦夫，於 2001 年領銜組建法律正義黨，其主要宗旨是希望徹底改變波蘭政治環境的基調，使政治人物的道德情操往上提升，積極倡導百姓保持傳統觀念，在打擊色情、青少年教育等方面均有獨到見解，特別是 2005 年 4 月波蘭籍教宗若望保祿二世去世後，因向國人發表重視天主教家庭觀念的談話而使聲望急速竄升，使得該屆國會大選，他所領導的法律正義黨躍升眾議院第一大黨。

第三節　加入歐盟後之政經發展

歐盟接受剛和平演變的東歐國家之條件有三：其一，落實民主化；其二，實行市場經濟；其三，全盤融入歐盟各項法規和條約。1991 年 12 月歐洲共同體同意和波蘭簽署《歐洲協定》(*European Union Association Agreement*)，1994 年 2 月生效，先取得準會員國的資格，顯示波蘭最終成為歐盟的一員。波蘭係歐盟第五次擴大行列之一（2004 年），此次擴大的特點：⑴這十個新會員國均為中小型國家，除了波蘭人口達三千九百餘萬人外（在歐盟二十五個會員國中，排名第六位，比其他九個新會員國人口的總和還多出三百萬），其餘均是幾十萬至一千萬不等的中小型國家；⑵所涵蓋範圍最廣，北起波羅的海，南至地中海；⑶來自不同的集團，如波海三國曾是蘇聯的加盟共和國；波蘭、捷克、匈

牙利是前華約的組織成員；賽普路斯、馬爾他和斯洛文尼亞則是屬於不結盟運動組織；(4)除了賽普路斯經由國會批准即可完成入盟的法定程序外，其他國家都還要訴諸公民投票，來反映全民意志，以慎重其事，視加入歐盟為國家發展頭等大事；(5)歐盟東擴會引起連鎖效應，東歐國家包括羅馬尼亞、保加利亞等國，乃至獨立國協成員的烏克蘭、喬治亞等，都將是歐盟下一波的候選國；更有甚者，正因為歐盟東擴有必然性，亟需改造歐盟原有的結構，乃有歐盟憲法的倡議，來重新規範歐盟「廣化」與「深化」所面臨的課題。

　　東歐國家欲申請加入歐盟，需要展開多回合的入盟談判，1998 年 3 月，歐盟與波蘭等國開始進行入盟談判，而波蘭國內對加入歐盟的看法，根據波蘭國家選舉委員會於 2003 年 6 月 9 日公布的統計結果顯示，58.85% 的選民參加了公民投票，其中 77.45% 的選民支持加入歐盟，反對者 22.55%。至 2002 年 10 月，歐盟於比利時舉行高峰會議正式同意接納波蘭等國於 2004 年 5 月 1 日成為歐盟新會員國。

　　波蘭等中東歐國家順利加入歐盟，其所顯示的政經意義深受關注。首先，就政治意義來說：其一，東西歐走向匯合，實現建立「歐洲大家庭」的夢想；同時，也應驗了 1960 年代「匯合論」的學說，由不同體制逐漸走向「趨同」，進而「統合」的事實。該項理論提出之時，一般咸認，歐洲戰後的秩序結構，東西方陣營相互對峙，制度差異懸殊，根本不可能「趨同」。可是，1989 年 6 月，波蘭出人意料的「非共化」，帶動戰後歐洲形式的逆轉，促

使「匯合論」的假設成真；其二，歐盟實力大增，有取代前蘇聯扮演制約美國的角色之勢。東擴後的歐洲聯盟有四億六千餘萬人口，對外貿易額可占全球貿易總額四成左右，已超越超級強國的美國，非二次大戰後從廢墟重建而起的衰弱歐洲所可比擬；其三，有助於東歐國家鞏固民主法治。東歐前社會主義國家歷經共黨極權統治近半個世紀，好不容易擺脫共黨一黨專政的枷鎖，邁向民主；一旦這些前共黨政權融入歐洲大家庭，在歐盟的架構下，不僅不至於使這些前社會主義國家走回頭路，而且還足以維繫現行的民主法治；其四，從種種跡象顯示，崛起中的歐盟正有意加強與俄羅斯和中國的關係，試圖打破由美國主導的「單極超強」的國際體系，使國際社會較正常走向互相制衡的多極體系。

就經濟意涵來說，有如下幾點最引人關注：其一，歐盟經歷五次的擴大，已使其成為世界最大的經濟體，對經貿關係影響所及，舉足輕重；同時，歐元區也將隨之擴大，歐元貨幣的重要性，不言可喻；其二，歐盟東擴將使剛從社會主義體制轉型到市場經濟的中東歐國家得到莫大的助力。一方面可抒解經濟改革面臨的困境，另一方面引進資金技術和企管機制新觀念，進而帶動市場活力，可謂歐盟東擴對中東歐國家利多於弊；其三，促進東西歐的緊密關係，希臘、西班牙和葡萄牙加入歐盟之後，經濟發展大有精進，人民生活水準也隨之提高許多；同理，中東歐國家將可預見拉近發展的差距，提升歐洲的繁榮與進步。

波蘭加入歐盟後，貿易自由化更有利於產品出口，一方面所有關稅壁壘的消除，進出口的配額及邊境手續費的取消，造成波

蘭出口沒有限制；另一方面，波蘭也將面臨歐盟產品競爭，因此
歐盟將提供特別的補償金來支持波蘭受影響的農產品。

　　波蘭當前就業人口是歐洲國家年齡層中最年輕化的國家，根
據經濟合作與發展組織　（Organisation for Economic Co-operation
and Development，簡稱 OECD）的數據顯示，在 1995 到 2001 年
期間，波蘭接受大學教育的人增長了 134%。十五歲到二十九歲
的年輕人，幾乎占這個國家人口的四分之一。研究波蘭青年人的
社會學家瑞克夫斯基說：「波蘭的未來將由他們塑造。」獨立的波
蘭公共事務研究中心主任波賓斯卡說：「今天，年輕人極為認真地
對待他們的職業，女性獲得了越來越多的管理崗位，伏特加的消
費在減少。」

　　波蘭加入歐盟以來，歐盟對波蘭投入了鉅額的農業補貼和經
濟援助。市場經濟改革、歐盟內部人員和資金的自由流通，無疑
給波蘭的經濟注入了強大動力。當加入歐盟對外暢旺帶動下，吸
引源源不斷的外資挹注，使得經濟加速成長，波幣維持強勢，通
膨與財政赤字亦逐漸下降，經常帳赤字規模亦因旅居在國外的勞
工匯回款項，以及歐盟補助款的收入而縮減。歐洲復興發展銀行
發布的 《2006 年轉型經濟報告》(*Transition Report 2006*) 指出，
波蘭加入歐盟後產業結構改革（自由化和私有化）腳步放慢，但
對波蘭小企業的私有化、價格自由化和貨幣政策表示肯定。2006
年中期，波蘭當時的總理雅羅斯瓦夫·卡欽斯基上任即誓言，政
府未來將致力縮減財政赤字，維持波幣強勢，去除官僚體制，並
加速經濟發展，以期盡早符合歐盟《馬斯垂克條約》的規定，並

正式加入歐元區。

　　波蘭內閣的歐盟事務部長別特拉斯在波蘭國際問題研究所的研討會上說，歐盟給波蘭的補貼主要來自三個部分：首先是來自歐盟預算中為援助新會員國的結構基金和聚合基金，這筆補貼將近六百億歐元；其次是農業補貼，總額將近兩百七十億歐元；第三是實現「里斯本戰略」的投資三十九億歐元；此外，司法與內務方面的援助，包括邊界管制與恐怖主義抗爭等五億八千一百萬歐元。波蘭在 2007～2013 年中期預算中將總共獲得九百一十多億歐元的援助，使得波蘭擁有發展農村地區和改善農業的資金。

　　《歐盟憲法條約》2005 年在法國和荷蘭的全民公決中遭到否決，致使歐洲一體化進程受阻。2007 年初德國接任歐盟輪值主席，重新推動歐盟制憲進程。波蘭總統辦公廳國務祕書克拉夫奇克 1 月 2 日表示，波蘭希望建設性地參與歐盟制憲進程。萊赫‧卡欽斯基說，對於歐盟的未來，波蘭想強調這樣一個事實，即各成員國擁有不同的歷史和文化，因此反對歐盟向「聯邦」方向發展。

　　波蘭右翼自 2005 年底上臺不久，主張確立波蘭在歐盟內的發言地位，並在歐盟內外政策問題上屢屢提出異議，導致引起歐盟內部以及某些成員國的疑慮。歐盟里斯本高峰會於 2007 年 10 月中取代《歐盟憲法條約》的新條約文本。波蘭對歐盟權利憲章存有異議，且對歐盟雙重決策機制等問題也提出了自己的立場。經過各方努力，《里斯本條約》於 2007 年 12 月 13 日簽署完成，使歐盟機構的決策與執行過程更為透明、快速、有效；納入條約中的基本權利憲章使歐盟會員國人民享有更多的權利，諸如外交、

貿易及安全等歐盟對外政策，也將變得更為協調一致。

　　波蘭今後在歐洲的地位取決於加入歐盟後，波蘭能否快速應對來自科學技術、經濟和社會等方面的新挑戰。觀察 2007～2008 年，波蘭經濟在內需消費熱絡、投資暢旺及歐盟補助款挹注下，仍將持續以 5～6% 之速度穩健成長；至於境內物價水準，預期將受到失業率下滑、勞動市場緊縮影響，呈緩升趨勢，由 2006 年之 1% 升至 2～3% 左右，已使得波蘭央行調升利率之壓力趨增，據 Institute of International Finance (IIF) 預期波蘭央行為抑制通膨及維持波幣強勢，未來可能將調升利率 1～1.25% 左右。對外經濟方面，預期在波蘭基本面仍佳、央行面臨升息壓力、及對外債務負擔沉重等因素交互影響下，波蘭幣在 2007～2008 年間將呈現緩升走勢，而其對外收支因進口需求熱絡、外貿逆差擴增，使其經常帳赤字比重略見回升。所幸近來波蘭以其廣大之內需市場、穩定之經濟與金融體系，將持續吸引外資源源挹注，而克服 2008 年國際性金融海嘯的衝擊。預期未來仍將可以彌補其經常帳赤字缺口，使得波蘭之外部流動性風險尚不致升高。

　　政治上，2015 年法律正義黨拿下總統大選及國會大選的勝利，改變波蘭政治的格局。波蘭政府以腐敗的司法系統阻礙國家發展為由，展開一連串的司法改革。2016 年 1 月將公共媒體收編為國家媒體，正式成為政府的宣傳部門。同年，歐盟執委會 (European Commossion) 對於波蘭修改《憲法法院法》和《公共媒體法》展開調查。但在 2017 年，波蘭又逕自通過三項司法改革法案，包括重組最高法院人事、提名法官的國家司法委員會

(Krajowy Rejestr Sądowy) 委員改由國會議員決定等。歐盟執委會以波蘭的司法改革違反歐盟的法治原則為由，對波蘭行使《歐盟條約》(*Treaties of the European Union*) 中的第七條❷，要求波蘭撤銷司法改革。同年 5 月，歐盟宣布 2021 至 2027 年的多年期預算計畫，建議依照成員國的政治情況給予預算，正是針對波蘭。但波蘭在 2018 年 7 月又強行通過其他法案，超過 65 歲的多位高等法院法官被迫退休。波蘭屢屢破壞三權分立中的司法權，逐漸邁向專制。

　　經濟上，2004 年後，加入歐盟的波蘭比起匈牙利、捷克等其他新興歐盟國家，經濟成長率有更明顯的上升。自 1989 年起，波蘭一直維持著高成長率，人民平均收入自東歐解體以來便持續成長，最高增加至 150%，2018 年的平均收入更達到歐盟地區平均的三分之二。波蘭的成長是受到良好的經濟政策影響，包括經濟改革、現代基礎建設、外債重組等。其中最大的改變有兩個原因。其一，財政部長與中央銀行行長慎選人才，致力培育大學生，甚至主動學習各國經濟的優點。其二，國家積極投資基礎建設並開放市場，與各國合作。

　　但是波蘭近期開始面臨到通膨的危機、人口老化、生育率降低、國家創新力不足及投資低迷，經濟成長率備受考驗。波蘭的政治與經濟環環相扣，波蘭卻不斷挑戰歐盟堅守的民主精神，若波蘭被取消歐盟會員國身分，經濟將再受打擊。

---

❷　1999 年《阿姆斯特丹條約》中，授予其他成員國懲罰違反歐盟價值觀成員國的權利。

跋

　　1960、1970 年代筆者在西德求學期間，正逢東西方冷戰由緊張轉趨緩和，親眼目睹東、西兩個德國從對峙轉趨和解，進而走向關係正常化，和東、西歐因 1968 年 8 月軍隊鎮壓「布拉格之春」事件呈現緊張，以及 1975 年 7 月「歐洲安全與合作會議」於赫爾辛基正式確立東西歐國家互動關係機制，邁向全面和解等歷史性轉折。在這段時間內，筆者也曾於 1968、1970、1972 和 1976 年間因從事東歐區域研究的需要，多次走訪捷克斯洛伐克、匈牙利、東德等國，對東歐這些社會主義國家變革之前的政治、經濟和社會狀況有較清晰的認識。

　　1989 年東歐國家陸續掀起和平演變浪潮之後，執政近半個世紀的共黨政權出乎世人意料之外「改朝換代」，轉由昔日被迫害的異議分子所組成的政黨取而代之，使長期共黨「一黨專政」時代劃上休止符。東歐進入後共產主義時期以來，筆者又先後在 1991、1993 和 1995 年再赴某些東歐國家進行短期觀察，深入瞭解其各方面的演變，印象極為深刻。1998 年、2000 年、2001 年

7、8月間,筆者又舊地重遊,雖自然地理景觀依舊,但人文社會風貌,每次造訪均留下不同的觀感,有欣欣向榮、充滿活力的一面,也有轉型掙扎,困境尚難突破的一面。羅馬尼亞、保加利亞、阿爾巴尼亞和南斯拉夫聯盟共和國(以下簡稱南聯盟)因市場經濟轉軌步伐猶豫不前,尤其南聯盟飽受巴爾幹戰火衝擊,1999年3月,又遭北約組織「以戰逼和」的懲罰,雪上加霜,嚴重拖累周邊國家政經發展的穩定性。大體說來,後共產主義時期的東歐諸國,其政經改革進程大勢底定,社會變遷也度過嚴峻的陣痛期。

當時中東歐之行的觀感,較為深刻的心得:

其一,經濟發展情勢呈現疲軟。1990年代下半期,東歐各國好不容易擺脫經濟成長、通貨膨脹、失業率等三大危機,經濟成長穩定回升,通貨膨脹和失業率得到抑制。可是,好景不常,偏偏在二十世紀和二十一世紀交替之際,國際經濟呈現不景氣,使得這些剛從計畫經濟轉向市場經濟的新興民主國家又遭逢新的難關。依據筆者旅歐的經驗,每年一度的夏季大減價,百貨公司總是人擠人,相當能夠反映當地人民的購買力。唯這次旅途所見,百貨公司的顧客寥寥無幾,即使號稱經濟大國的德國,百貨業也暴露蕭條景象。波蘭因為經濟不佳,加上執政黨發生貪污醜聞,致使2001年9月23日的國會大選,無法通過最低門檻,遭選民唾棄,即可說明國際普遍性的經濟低迷,執政者疲於奔命,甚難力挽狂瀾。

其二,申請東歐各國入境簽證,其難易度與各國開放程度,和我國互動關係成正比。波蘭、捷克、匈牙利等三國在臺灣設有

經濟和文化辦事處，申請簽證方便，過去申請波、捷、匈等國簽
證幾乎可以當天或第二天取得；現在可能因為臺灣赴上述國家的
觀光客劇增，捷、匈兩國駐臺北辦事處，或許人手不足，必須等
待一、二週。但筆者在維也納的捷、匈乃至斯洛文尼亞和克羅埃
西亞等國的使領館申請，前兩者只需二、三天即可取得簽證；反
之後二者，則當天簽發。反觀，羅馬尼亞、保加利亞和南聯盟這
三個轉型後步履維艱的國家，即是耗時費日，至少要等一個月以
上。這多少也顯示，我國與羅、保、南等國的實質關係亟待加強，
彼等對臺灣的認識不足。不過，這些中、東歐新興民主國家已於
2007 年加入《申根協定》，今後國人赴中、東歐諸國旅遊就省掉
不少手續，方便許多。

其三，中、東歐國家鐵路的現代化逐漸向西歐看齊，形成歐
洲鐵路聯營的一環，指日可待。在東歐搭乘鐵路旅遊，除了比一
般交通工具價廉之外，最值得稱許者，既舒適又可跟當地民眾接
觸，較有機會觀察到其實際狀況。2001 和 2002 年東歐之旅又發
現，不但車廂推陳出新，比 1990 年代初的老車廂新穎好看，而且
鐵路幹線平穩，比以前搖搖晃晃大有進步，至目前為止，只有匈
牙利加入歐鐵聯營，中東歐國家為了吸收更多外來觀光客，乃有
波蘭、捷克、斯洛伐克、匈牙利和奧地利等東歐五國鐵路網聯線
觀光車票；另外，巴爾幹國家也自組一個聯營系統。預料，中、
東歐各國的鐵路幹線現代化到一定標準，足以與西歐鐵路等量齊
觀，所謂歐洲鐵路「一體化」的面貌，可望不久實現。

總結波蘭和其他中、東歐國家的歷史發展，不由得予人有下

列深刻印象：

一、極權獨裁程度越高，其民主化進程也相對地緩慢。觀察東歐前社會主義國家演變而來的十二個新興民主國家當中，予人有深刻的印象，共黨「一黨專政」越徹底，越獨裁，其轉型過程也越顯得遲緩，較不穩定。羅馬尼亞、阿爾巴尼亞、保加利亞和南斯拉夫等國，在共黨統治時期，採史達林主義的恐怖模式，致使其民主化進程遠比其他中、東歐國家緩慢，即是明證。

二、越富有改革或自由化運動經驗的國家，民主化進程較具穩定性；反之，民主化步伐則欠穩定性。匈牙利、波蘭和捷克在1950年代到1980年代都曾先後出現自由化運動或要求改革呼聲，如1956年匈牙利抗暴事件，1956、1970、1976和1980年波蘭多次發生工潮，1968年捷克的「布拉格之春」等，使改革和自由民主思想深植人心，提供爾後民主化不可或缺的民意基礎。因此，匈牙利、波蘭、捷克三國的民主化發展，要比其他東歐國家來得穩定。反觀，羅馬尼亞、保加利亞、阿爾巴尼亞等國，則欠缺改革思想，言論自由屢遭踐踏，導致其邁向民主化路途較為坎坷。

三、信奉伊斯蘭教和東正教居多數國家，比信奉天主教、基督教居多數國家，其民主化腳步也顯得緩慢。羅馬尼亞、保加利亞和塞爾維亞以信奉東正教居多數，阿爾巴尼亞和波士尼亞則以信仰伊斯蘭教居多數，其民主化進展卻遠不及信奉天主教居多數的波蘭、捷克和匈牙利。這裡正說明，宗教與政治發展也有某種程度的關連性。

四、越靠西歐，越和西方文化接觸頻繁的中、東歐國家，其

民主改革績效也就越彰顯。反之，民主改革成就較為遜色。波蘭、捷克、匈牙利、斯洛文尼亞等國與西歐毗鄰，宗教信仰也和西歐相似，受西方文化的影響也較深，在這種地緣因素的激盪下，使得波、捷、匈等國的民主改革穩健發展。相反的，俄羅斯、羅馬尼亞、保加利亞、阿爾巴尼亞等國位處西歐邊陲，自然與西歐較為疏遠，所受影響不深，多少削弱其推動民主改革的助力。

　　綜合上述壁壘分明的取向，可得到如下結論：中、東歐國家如波蘭、捷克、匈牙利，無論是地緣政治，或地緣經濟全靠近西歐，越受西方文化影響，以及宗教信仰也和西歐相似，其「歐洲化」進程也就越順利，越受歡迎。相反地，如羅馬尼亞、保加利亞、阿爾巴尼亞、塞爾維亞等國，其「歐洲化」腳步就顯得遲緩，西歐國家也因力不從心，較不積極。

　　最後，尤值一提者，東歐在共黨長期統治下所殘留的遺毒，仍到處隱約可見。舉凡其一，火車站服務處，徒具虛名，既不諳外語，一問三不知，服務態度甚不友善；其二，火車站購票處標示不清，令外來遊客東問西問，四處奔跑，很費時間；其三，搭乘公共交通工具，都必須探詢當地人始能勉強使用，要不然在車站如何買到那一種車票，真不得其門而入，寸步難行；其四，駐外使領館的工作人員僚氣十足，不擅政府「公關」，也不懂如何推銷本國文化。這種現象說明二種可能性：第一，外交官仍是共黨統治時代培養的原班人馬，未注入新血；第二，外交官待遇差，士氣低落，「多一事，不如少一事」心態；其五，鐵公路邊界安全警衛人員服務態度仍存共黨作風，把外來遊客當難民。筆者在匈、

羅國際鐵路邊界，曾遭很不友好的檢查和刁難，還未擺脫恐怖氣
氛；其六，提供給觀光客的資訊，印刷品要不是簡陋，就是奇缺，
比起西歐國家處處為遊客設想，真是望塵莫及。凡此種種現象，
不但反映在為民服務態度和工作效率上，比共產黨好不了多少，
而且也說明，長期深受共黨統治影響的行為模式，依然若隱若現，
還得要等待時日，始真正融入歐洲文明。

附　錄

重要人物簡介——
波蘭思想界自強不息

　　波蘭在歷史上遭到數次瓜分，最長時間曾有過一百多年的亡國之痛，史家乃稱波蘭是個「悲劇的國家」。為何波蘭還能夠從被瓜分的命運中掙扎，起死回生，重見天日，並在二次大戰之後於中歐扮演舉足輕重的角色？如果稍加注意波蘭的思想脈動，其所展現的生命力，這個答案不言可喻。僅就人文、藝術、科學、宗教、政治等面向，簡述較具影響力的人物，希望有助讀者進一步的認識。

一、人文類

㈠德窩格斯 (Jan Długosz, 1415～1480)

　　德窩格斯為克拉科夫修道院修士，1431～1455 年間受到克拉科夫主教信賴，擔任其機要祕書，但因為主教為國王卡齊米日四世主要政敵，1455 年主教的去世使德窩格斯陷入困境，加上其對克拉科夫主教人選問題與國王意見相左，因而被迫逃亡。後經由其靈活的外交手腕及廣博的知識，1463 年才得以再度回到王國。

　　德窩格斯著作等身，其中最著名的是《波蘭王國編年史》(*Roczniki, czyli Kroniki sławnego Królestwa Polskiego*)，共十二卷，

約計耗時二十五年完成。此書記載中古時期波蘭重要事件及史料，時間橫跨 965～1480 年，是當代歐洲重要史籍之一。

㈡米格萊・雷 (Mikołaj Rej, 1505～1569)

　　米格萊・雷被尊稱為「波蘭文學之父」，他是第一位以波文寫作的作家，其有句名言為：「我們要讓全世界知道，波蘭人不是呆頭鵝，波蘭人有自己的語言。」

　　雷氏出生於一個中等貴族家庭，二十四歲時繼承了家產，因此得到管理莊園的經驗，這對其作品 《和藹的人之生活》 (*Wizerunek własny zywota człowieka poczciwego*, 1568) 有很大的幫助。曾擔任國會議員，並積極參與公共事務，可從其著作中發現雷氏對社會及政治等議題的關懷，其中以 *Krótka rozprawa między trzema osobami: Panem, Wójtem a Plebanem* (*A Short Debate among Three Persons: A Nobleman, A Commune Head and A Priest*, 1543) 最為出色， 意在批評貴族與社會脫節的生活及神職人員的貪得無厭。其曾寫出許多不同文學風格的作品，包括嚴肅的道德劇、詼諧的諷刺短詩集等，其中以散文方式書寫的《和藹的人之生活》為最重要的作品，它描述並讚美農村生活的美好及優點，並扼要總結了之前所有作品。

㈢科哈諾夫斯基 (Jan Kochanowski, 1530～1584)

　　科哈諾夫斯基是文藝復興時期的波蘭詩人，他開創了波蘭詩歌， 擺脫拉丁文樣版的限制 。 他的詩歌天分完全表現於作品 *Pieśni* (*Song*) 之中，被認為是波蘭抒情詩的開始。詩中鼓勵人們抓住今天，及時行樂，爽朗的面對人生困境。

1575 年科哈諾夫斯基結婚生子，定居莊園的他，原本過著節制和諧的文藝復興式生活，但其女兒的意外過世讓他痛苦萬分，因而將這份猶豫、困惑及喪女之痛反映在詩集《輓歌》(*Treny, Threnodies*) 中，至今仍是美國最賣座的詩集之一。

㈣密茨凱維奇 (Adam Mickiewicz, 1798～1855)

密茨凱維奇是波蘭詩人、作家及熱心政治活動者，往後更成為波蘭移民者的精神領袖及民族詩人。他在 1822 年出版了第一本詩集 *Ballady i romanse* (*Ballads and Romances*)，開創波蘭文學史的新時代——浪漫時期。但因為參與祕密青年社團而被驅逐出境，從此再也沒有回過家鄉，只能在思想及作品中表達他的懷鄉之情。

之後曾在羅馬愛上一位貴族千金，但受到女方父母反對，這椿婚事無疾而終。密茨凱維奇在他的兩本巨著 *Dziady* (*Ghosts*) 和 *Pan Tadeusz* 中便以這位女生為名，表達他對她的懷念。

1841 年密茨凱維奇認識了波蘭救世主義 (Messianism) 潮流的代表 Andrzej Towiański，其支持者認為，波蘭是各民族的救世主，藉由波蘭的苦難使全世界得以獲得自由與解放，但之後密茨凱維奇仍認為爭取波蘭國家獨立才是他最重要的使命，於是揚棄了救世主義的觀念。1855 年過世於君士坦丁堡。

㈤斯沃瓦茨基 (Juliusz Słowacki, 1809～1849)

斯沃瓦茨基是天才型詩人、富有想像力的劇作家，同時也是神祕主義者和諷刺家，與密茨凱維奇、克拉辛斯基 (Zygmunt Krasiński) 並列為波蘭浪漫派詩人三巨頭。他一輩子熱愛寫詩，曾經對朋友說過，他要寫到手拿不起筆，不能再寫的那一天。

他雖然孤獨，卻從來不放棄寫作，他的作品有：劇本 *Kordian*、*Balladyna*、*Fantazy*、*Ksiądz Marek* (*Priest Marek*)、*Sen srebrny Salomei* (*The Silver Dream of Salomea*)，傑出的波蘭詩 *Beniowski*，以及未完成的歷史哲學詩 *Król-Duch* (*The Spirit King*)。

(六)克拉辛斯基 (Zygmunt Krasiński, 1812～1859)

克拉辛斯基較為後人重視的是他的劇作家身分以及他所寫出色而聞名的信件，這些信札就如同他的個人心靈日記。

克拉辛斯基的父親是沙皇亞歷山大一世的僕人，所以限制他不准參加波蘭愛國運動，克拉辛斯基不甘如此，藉口身體狀況不佳而拒絕幫沙皇做事，並想盡辦法延長滯留國外的時間。重要作品為 *Nie-Boska komedia* (*Un-divine Comedy*)，這部歷史哲學劇作主要描寫革命的問題。

(七)亨利克‧顯克維支 (Henryk Sienkiewicz, 1846～1916)

亨利克‧顯克維支為波蘭作家，1876 年寫下 *Listy z podróży do Ameryki* (*Letters from America*)，這本遊記為他帶來廣大的讀者群，並於此時開始著手十七世紀波蘭歷史小說的寫作。

其中 *Quo Vadis* 這本鉅著使他成為世界聞名的波蘭作家，至今被翻譯成五十多種語言。1905 年得到最高榮譽——諾貝爾文學獎。受獎時亨利克‧顯克維支強調，雖然他是第一位獲諾貝爾獎的波蘭文學家，但他認為這個獎是頒給波蘭民族，而這個民族至今仍未放棄獨立的希望。

(八)普魯斯 (Bolesław Prus, 1847～1912)

普魯斯本名 Aleksander Głowacki，是十九世紀波蘭散文中現實

主義的代表性人物。其自小家境並不富裕，因為在偶然的機會中發現可以寫作為生，使得他成為幽默作家及專欄作家。1880、1890 年代是普魯斯小說最多產的時期，作品有 *Placówka* (*The Outpost*, 1885)、*Lalka* (*The Doll*, 1890)、*Faraon* (*Pharaoh*, 1897) 等。

⑼弗拉迪斯拉夫‧萊蒙特 (Władysław Reymont, 1867～1925)

　　弗拉迪斯拉夫‧萊蒙特是第二位獲諾貝爾文學獎的波蘭人（1924 年）。但其年輕時其實經歷過諸事不順的階段，不過他未放棄持續的寫作，直到 1892 年報章雜誌第一次刊登其作品，受到鼓舞後的他，1897～1909 年進一步出版描寫農村生活的作品《農夫們》(*Chłopi*)，是一部傑出的敘事詩。

⑽貢布羅維奇 (Witold Gombrowicz, 1904～1969)

　　1933 年貢布羅維奇出版了他的第一本小說 *Pamiętnik z okresu dojrzewania* (*Memoirs of a Time of Immaturity*)，不過並未立即引起重視，直到 1937 年完成了不同於傳統形式的作品 *Ferdydurke*，才開始引起評論家的注意和討論。

　　1939 年歐洲戰爭開始，貢布羅維奇前往阿根廷避難，在此期間他寫了劇本 *Ślub* (*The Wedding*, 1953)，出版了 *Iwona, księżniczka Burgunda* (*Yvonne, Princess of Burgundy*, 1958)，被認為是二十世紀波蘭最重要的戲劇作家之一。

⑾切斯瓦夫‧米沃什 (Czesław Miłosz, 1911～2004)

　　切斯瓦夫‧米沃什被認為是二十世紀最偉大的波蘭詩人，同時也是散文作家、翻譯家，並曾獲得諾貝爾文學獎（1980 年）。

　　他在立陶宛出生，生長於充滿藝術文化氣息的家庭，因此詩

中時常出現立陶宛的兒時回憶，例如 *Dolina Issy* (*The Issa Valley*, 1955)。1945 年出版詩集 *Ocalenie* (*Rescue*)，是戰後波蘭最早出現的詩集之一。

切斯瓦夫・米沃什因恐懼史達林主義，向法國尋求政治庇護，結果此舉引起波蘭舉國譁然，並被波共政府列為黑名單。此後，他便時常在作品裡表現其對共黨的不滿與批評，指責波蘭民族主義，抨擊波蘭天主教為黑暗城堡。

㈡葳思拉瓦・辛波斯卡 (Wisława Szymborska, 1923～2012)

葳思拉瓦・辛波斯卡是波蘭第一位獲得諾貝爾文學獎的女作家（1996 年）。她謙虛穩重，帶有距離感及自嘲性格，很少提及自己，她說，她的詩已經訴說全部。

1940 年代末期，她曾試圖出版第一本詩集，但因風格不符合當時社會寫實主義，所以不被接受，也因此迫使她寫出符合史達林時代風格的詩，1952 年出版詩集 *Dlatego żyjemy* (*That's Why We Are Alive*)。直至 1957 年才有機會出版符合她風格的第一本詩集 *Wołanie do Yeti* (*Calling Out to Yeti*)，此後她再也不畏懼政治壓迫，並陸續出版了六本詩集，占有重要的文學地位。

二、藝術類

㈠蕭　邦 (Fryderyk Chopin, 1810～1849)

1830 年代，華沙的一家報紙用醒目的大字刊印著這樣一句話：「上帝把莫札特賜給了德、奧人，卻把蕭邦賜給了波蘭。」

有「鋼琴詩人」美譽的蕭邦，1810 年誕生於波蘭華沙近郊，

因其父親為法國人，加上後半生生活在法國，所以波蘭和法國對於蕭邦的性格以及作品風格，都有相當程度的影響。

　　蕭邦自小學琴，被視為音樂神童，成了華沙上流社會的寵兒。十五歲時蕭邦首次出版作品，並且積極地從事演奏活動。此外，因蕭邦身處於波蘭遭瓜分的時代裡，故具有強烈的愛國心，還為波蘭進步詩人維特維斯基的詩作《戰士》譜曲（詩作內容為：時間已到，戰馬嘶鳴，馬蹄忙不停。再見，母親、父親、姊妹，我告別遠行。乘風飛馳，撲向敵人，浴血去抗爭。我的戰馬快如旋風，一定能得勝。我的馬兒，英勇戰鬥，如果我犧牲。你就獨自掉轉頭來，向故鄉飛奔），這首詩抒發了波蘭人民為擺脫奴役而渴望投身戰鬥的革命激情，之後此曲快速的在愛國青年中傳唱起來，鼓舞波蘭青年為革命獻身。

　　蕭邦二十歲時造訪維也納，正逢波蘭發生抗俄革命，蕭邦的父母要他暫時留居國外。於是他將這份亡國之痛表露在音符中，如鋼琴曲「C 小調練習曲」就是在這種情境下創作出來的，樂曲展現激動悲憤，曲調忽而高昂，忽而低沉，發出咆哮，卻又充滿了堅強和無所畏懼的英雄氣概，隨後蕭邦轉往法國巴黎發展，並獲得當地樂界的注意與好評。

　　往後十年間是蕭邦一生中創作最豐富的時期，作品有「夜曲」、「圓舞曲」等具有沙龍性質的音樂，相當受到人們喜愛。不過 1835 年後，蕭邦已失去舉行公開演奏會的興趣，身體健康並且逐漸走下坡，1849 年終因肺結核溘然長逝，享年僅三十九歲。

㈡約翰・馬迪科 (Jan Matejko, 1838～1893)

　　約翰・馬迪科是波蘭重要的歷史畫家之一，他的畫風筆觸強而有力，用色大膽、鮮豔，同時也講究精確，與實物細節、特徵相符。

　　約翰・馬迪科第一幅重要的畫作是 *Stańczyk* (1862)，然而真正讓他名利雙收的是 *Kazanie Skargi* (*Sermon of Skarga*, 1864)。之後他醉心工作，一天平均工作十至十二小時，創作了十幾幅巨幅的作品，其中以描繪波蘭軍隊凱旋的 *Bitwa pod Grunwaldem* （*Battle of Grunwald*，4.25×10 公尺，歷時三年，1878 年完成）最為著名。

㈢維特凱維奇 (Stanisław Ignacy Witkiewicz, 1885～1939)

　　維特凱維奇被現代人稱為「狂人」，認為他不是天才就是瘋子。他是作家、哲學家、畫家以及攝影師，生前以獨特的生活方式和諸多羅曼史聞名，直到去世後，他的劇本和小說才受到重視。

　　1917 年參加共黨革命的經驗，使他對共黨相當恐懼，一直有共黨即將摧毀世界的想法，並反映在其小說 *Pożegnanie jesieni* (*Farewell to Autumn*, 1927)、*Nienasycenie* (*Insatiability*, 1930)，及劇本 *Szewcy* (*The Shoemakers*, 1934) 中。

　　二次大戰爆發，當維特凱維奇得知紅軍已進入波蘭，過去的恐怖回憶排山倒海而來，竟於 1939 年 9 月自殺結束一生。

㈣安傑伊・瓦依達 (Andrzej Wajda, 1926～2016)

　　安傑伊・瓦依達是波蘭導演中最具波蘭特色的一位，在其作品中，他試圖抓住國家傳統意識與本質，在波蘭歷史中尋找現今

問題的解決方式。

　　他的第一部電影《世代》(*Pokolenie, A Generation*, 1955) 總結戰爭經驗，在社會寫實主義占有長期優勢之後，預告了波蘭電影復興時刻的到來。接下來的兩部電影《地下水道》(*Kanał*, 1957) 和《灰燼鑽石》(*Popiół i diament, Ashes and Diamonds*, 1958) 則為他帶來國際聲望，同時也是學習波蘭文化必看的電影。

　　安傑伊・瓦依達對於現代的事件也有所著墨，如《大理石人》(*Człowiek z marmuru, Man of Marble*, 1977) 描寫史達林主義;《鐵人》(*Człowiek a żelaza, Man of Iron*, 1981) 描述團結工會的誕生經過。

　　另外，因為安傑伊・瓦依達的父親在卡廷慘案中遭到殺害，因此他也將這段歷史傷痛拍成電影《愛在波蘭戰火時》(*Katyń*)，於 2007 年 9 月 17 日，即二次大戰蘇聯入侵波蘭紀念日，在首都華沙作全球首映，立即造成轟動。其透過母親、妻子、女兒三種女性角度，講述愛戰勝恐懼的故事，除拆穿有關卡廷大屠殺的謊言外，並表達對死難者深切追悼，以及對死者親人的崇高敬意。

㈤**克里斯多夫・奇士勞斯基** (Krzysztof Kieślowski, 1941～1996)

　　克里斯多夫・奇士勞斯基在 1960～1970 年代拍攝了許多紀錄片，試圖不受共黨宣傳及個人偏見影響，表現波蘭人民共和國時期消沉的社會生活，成為那個年代的重要作品。

　　電影《機遇之歌》(*Przypadek, Blind Chance*, 1981) 中，他首次探討人的內心世界，這個觀點後來一直存在於他的作品中，注重抽象議題，以及探討一般價值觀如何影響現代生活，如：《紅色情深》(*Czerwony, Red*)、《白色情迷》(*Biały, White*)、《藍色情挑》

(*Niebieski, Blue*) 等，這三部作品被認為是 1990 年代世界電影代表作之一。

三、科學類

㈠尼古拉‧哥白尼 (Nicolaus Copernicus, 1473～1543)

哥白尼曾經在義大利的波隆那大學就讀，因為當時義大利是文藝復興的中心，學術風氣相當開放，其並且受到一位天文學家發表批評「地心說」的文章影響，開始對地球不動而且為宇宙中心的論點感到懷疑。

1512 年起，哥白尼運用自己製作的日晷、三角儀等儀器，觀測星象，累積大批關於行星運行、日月蝕等資料，使他更確信了「托勒密的地心說」是錯誤的，最終發表了《天體運行論》。概略要點為：(1)地球不是宇宙的中心，而是月球軌道的中心。(2)宇宙的中心在太陽附近，包括地球在內的行星都環繞著太陽轉動。(3)日地距離和眾星所在的天穹層高度相比是微不足道的。(4)每天看到的天穹週期性地轉動，是由於地球繞其自轉軸每天旋轉一周所造成的。(5)每年看到的太陽在天球的週期性運動，並不是太陽本身在動，而是地球繞著太陽公轉所造成的。(6)目視到的行星順行和逆行的現象，是地球和行星共同繞著太陽運動的結果。

但當時因為教會勢力龐大，哥白尼未立即將這個觀念公開說明，之後他的論點果然引起極大的騷動，尤其宗教人士更是大力抨擊，視之為邪說異端。但是，從科學立場而言，擁護「日心說」的學者陸續繼起，終於掀起歐洲歷史上的「科學革命」。

㈡瑪麗亞・斯克洛多夫斯卡・居里

(Maria Skłodowska-Curie, 1867～1934)

　　1867 年於波蘭華沙出生的居里夫人在法國巴黎學習數學和物理，並因而認識了其先生皮埃爾・居里，他們經常一起研究放射性物質，認為瀝青鈾礦石中必定含有某種未知的放射成分，其放射性遠遠大於鈾的放射性。之後終於成功地從中分離出氯化鐳，及發現兩種新的化學元素：釙 (Po) 和鐳 (Ra)。這項發現讓他們於1903 年獲得諾貝爾物理學獎，居里夫人成為了歷史上第一位獲得諾貝爾獎的女性。1911 年，居里夫人又因為成功分離鐳元素而獲得諾貝爾化學獎。

　　一次大戰時期，居里夫人倡導用放射學救護傷員，推動了放射學在醫學領域裡的運用。但也因為長期過度接觸放射性物質的緣故，1934 年逝於法國，享年僅六十八歲。

四、宗教類

㈠斯德望・維辛斯基 (Stefan Wyszyński, 1901～1981)

　　1946 年成為盧布林地區主教，兩年後被教宗任命為華沙、格涅茲諾的大主教，是波蘭最年輕的大主教。這項任命使波蘭宗教界感到驚訝，但教宗考量非常時期需要非常人才，當時共產黨積極擴大力量，想將教會置於他們的控制之下，教會的宗教自主權岌岌可危。

　　後來，維辛斯基和波共達成協議，教會支持政府，對於共產主義，教會以中立的態度將之視為意識型態之一種，同時政府必

須保證不干涉宗教信仰自由。但這項協議被波共破壞，於是維辛斯基也表示教會將拒絕支持這樣的政府，結果使得維辛斯基1953年遭到波共軟禁，直至1956年底才獲釋。他將這段期間發生的事記錄下來，寫成《獄中札記》(*Zapiski więzienne*, 1982)。

㈡若望保祿二世 (Jan Paweł II, 1920～2005)

　　若望保祿二世不僅是波蘭歷史上唯一曾擔任過教宗這樣崇高職位的波蘭人，也是四百多年來第一位由非義大利籍人士出任的教宗。

　　1978年10月16日，梵蒂岡選出來自波蘭的樞機主教伍伊蒂瓦 (Karol Wojtyła) 為新教宗。這項決定其實頗令世人驚訝，因為教宗乃來自共產國家，或許除了宗教因素外，更有其政治上的考量。翌年，若望保祿二世回到波蘭訪問，受到波蘭人的熱情歡迎。在其中的一次佈道裡，他對波蘭人民提出呼籲，請國人一同為改革波蘭這片土地而努力。這段談話成為當時波蘭人民的精神支柱，鼓舞了波蘭人向上提升的勇氣，使他們能在最短的時間內讓共產政權瓦解，從而使波蘭在1989年成為鐵幕內的第一個走向民主化的國家。

　　若望保祿二世當選教宗後，在其教宗通籲裡特別強調人與神之間的關係，呼籲尊重人的尊嚴與人權，提倡世界和平與終止暴力的使用。他呼籲所有基督徒團結一心，並樂於和其他不同宗教的領袖進行對話。2005年4月2日與世長辭，舉世哀悼，他在位期間曾到許多國家進行訪問，這對於天主教信仰的傳播有極大貢獻。

五、政治類

㈠科修斯古 (Tadeusz Kościuszko, 1746～1817)

科修斯古是波蘭民族英雄，其出生於立陶宛，畢業於華沙軍事學校，後來又到法國巴黎陸軍學校就讀，曾參與過美國獨立戰爭。在波蘭政壇上發跡於四年議會時期，因實施軍隊改革及擴大軍力，得以被任命為騎兵隊將軍。1792 年有功於保護《五三憲法》及與俄國之戰，但得知國王對俄國投降之後，科修斯古決定辭職，前往法國。

波蘭第二次被瓜分後，在國內愛國團體請求下，1794 年科修斯古帶領起義軍抗俄，史稱「科修斯古起義」。雖數度擊敗敵方，終不敵大量湧入之俄軍，不久被擊潰，科修斯古受傷被俘，監禁於彼得堡監獄，直到凱薩琳二世過世才獲得赦免。1798 年前往法國，一面協助法國革命，一面指揮波蘭復國運動。1807 年拒絕參與拿破崙的「華沙公國」計畫，晚年隱居瑞士，1817 年 10 月於瑞士索羅圖恩 (Solothurn) 去世，遺體由波蘭人民接回，葬在克拉科夫教堂。

㈡胡果・科翁泰 (Hugo Kołłątaj, 1750～1812)

胡果・科翁泰是波蘭啟蒙時期代表人物、神父、社會及政治運動家、歷史學家和哲學家。他也是歐洲第一部成文憲法《五三憲法》起草人之一，支持國家改革。

胡果・科翁泰熱心參與四年議會，很快的成為改革派領袖，但其主張被認為違背了貴族利益，且激化貴族與農民之間的關係，

因此樹立頗多政敵。之後,他還參加了科修斯古起義,起義失敗被奧國逮捕入獄,1802 年出獄,不久又被俄國逮捕,監禁於莫斯科監獄 (1807~1808)。出獄後回到波蘭,仍繼續從事政治活動直到去世。

⊟**斯坦尼斯拉夫・斯塔斯齊克 (Stanisław Staszic, 1755~1826)**

　　斯塔斯齊克是一個有多方面才華的人,既是神父、學者、哲學家、政治評論家,也是十八、十九世紀之交,波蘭社會的重要人物。

　　四年議會時期,斯塔斯齊克支持有助國家體質的改革,以及參與保衛中產階級利益的活動。此時他匿名出版了《給波蘭的警語》(*Przestrogi dla Polski*, 1790),書中他闡述對於當時波蘭王國政經結構的分析,以及提出國家改革需要貴族與中產階級通力合作之建議。此外,他還曾對 Tatry 山脈(波蘭南部山脈,屬喀爾巴阡山脈的支脈) 進行地質研究,出版了 *O ziemiorództwie Karpatów*,因而被稱為「波蘭地質學之父」,並發現了波蘭境內的煤礦礦床,在大波蘭區進行工業區整建的工作。教育方面也提供不少建樹,曾協助波蘭王國技職教育體系的建立,更在 1806 年建議成立工業學院的預備學校,此即為後來工業大學的前身。

大事年表

1492	卡齊米日四世逝世。
1506	波立聯盟再度合作。
1550	西吉斯蒙德二世頒布詔令，明定禁止異教。
1564	西吉斯蒙德二世宣布接受「特倫特會議」通過之教條。
1569	波、立兩國於盧布林簽署協定。
1569～1795	王政共和時代。
1572	西吉斯蒙德二世逝世。
1576	巴托利當選波王。
1586	巴托利逝世。
1587	西吉斯蒙德三世當選波王。
1595	西吉斯蒙德三世將政府由克拉科夫北遷華沙。
1609	西吉斯蒙德三世定華沙為首都。
1634	波、俄簽訂《波利安諾夫條約》。
1648	瓦迪斯瓦夫四世逝世，其弟約翰二世‧卡齊米日繼位。
1660	波、瑞簽訂《奧立瓦條約》。
1667	波、俄簽訂《安德魯索夫沃停戰協定》。
1668	瓦薩王朝告終。
1699	簽訂《卡爾洛夫奇和約》。
1700	「大北方戰爭」爆發。
1717	俄軍南侵，占領波蘭，西姆遭俄控制。
1733	波蘭王位繼承戰爭開始。
1764	末代君主波尼亞托夫斯基即位。
1772	俄、普、奧第一次瓜分波蘭。
1788	四年議會召開。
1793	俄、普第二次瓜分波蘭。

1794	科修斯古起義。
1795	俄、普、奧第三次瓜分波蘭。
1807～1815	建立華沙公國。
1815	維也納會議同意成立波蘭王國；克拉科夫共和國建立。
1830～1831	十一月起義爆發。
1846	克拉科夫爆發革命。
1848	波茲南起義。
1864	俄國取消波蘭王國稱號，改名為維斯杜拉邦。
1915	俄國占領波蘭宣告結束。
1916	德國再度建立波蘭國。
1918	協約國政府承認波蘭獨立原則；畢蘇茨基取得政權。
1920	爆發波俄戰爭。
1921	波、蘇簽訂《里加和約》。
1926	畢蘇茨基發動政變。
1932	波、蘇簽訂互不侵犯條約。
1934	波、德簽訂互不侵犯條約。（1939 年廢）
1935	頒布新憲法；畢蘇茨基逝世。
1939	英、法對波蘭提出保證；德、蘇簽訂互不侵犯條約；英、法向德宣戰；德、蘇瓜分波蘭。
1941	廢除《德蘇互不侵犯條約》；波、蘇恢復邦交。
1943	蘇聯斷絕與波蘭流亡政府的外交關係。
1944	華沙起義。
1945	蘇聯完全占領波蘭領土；全國團結臨時政府成立。
1947	波蘭人民共和國成立。
1948	波蘭統一工人黨成立，開始實行一黨專政。

1955	蘇聯領導東歐社會主義國家成立華沙公約組織。
1956	戈慕卡擔任波蘭統一工人黨第一書記；波茲南事件。
1970	吉瑞克繼任波蘭統一工人黨第一書記。
1976	經濟問題嚴重，發生大罷工。
1978	波蘭籍樞機主教當選天主教教宗，加冕稱號「若望保祿二世」。
1980	「團結工會」成立。
1981	實施戒嚴。
1983	解除戒嚴；瓦文薩獲頒諾貝爾和平獎。
1984	波比耶烏什科神父慘遭殺害，輿論譁然，波共政權喪失民心。
1986	波共通過第一部黨綱，提出波蘭發展的戰略方向，試圖收攬民心。
1987	波共提出政經改革方案，團結工會號召人民抵制。
1988	團結工會和波共政權走向和解，共謀波蘭改革之道。
1989	團結工會和波共開啟歷史性的圓桌會議，達成團結工會合法化等共識；舉行戰後第一次自由選舉，選舉結果「團結工會」大勝，組成東歐第一個「非共化」政府；修憲。
1990	改選總統，採選民直接選舉產生，由瓦文薩當選。
1993	國會改選，政黨輪替，民主左派聯盟成了議會最大黨派。
1995	舉行總統選舉，克瓦希涅夫斯基當選。
1997	通過新憲法；國會大選，政黨再度輪替，「團結工會選舉聯盟」擊敗民主左派聯盟。
1999	波蘭加入北約組織。
2001	國會大選，民主左派聯盟獲勝。

2004　波蘭正式加入歐盟。

2005　國會大選，法律正義黨成為國會第一大黨；總統大選，
　　　法律正義黨候選人萊赫・卡欽斯基當選。

2007　公民綱領黨在國會選舉中勝利，成為第一大黨。

2011　國會大選，公民綱領黨獲勝。

2015　總統大選，法律正義黨 (PiS) 候選人安傑伊・杜達當選；
　　　國會大選，法律正義黨獲勝。

2016　《去共產主義法》通過，全國各地必須更改廣場、街道、
　　　道路、橋梁等具有共產主義和其他極權制度色彩的命名，
　　　或是地名。

2019　國會大選，法律正義黨為國會第一大黨。

參考書目

中文部分

Minton F. Goldman (ed.)，楊淑娟譯，《中東歐的革命與變遷：政治、經濟與社會的挑戰》，臺北：國立編譯館，2001 年。

本·福凱斯 (Ben Fowkes) 編，張金鑒譯，《東歐共產主義的興衰》，北京：中央編譯出版社，1998 年。

朱寰，《世界史：古代史編，下卷》，北京：高等教育出版社，1994 年。

吳玉山，《遠離社會主義》，臺北：正中書局，1996 年。

吳偉，《蘇聯與波蘭問題》，北京：世界知識出版社，2002 年。

李邁先著，洪茂雄增訂，《東歐諸國史》，臺北：三民書局，2002 年。

周家發，《世界歷代政權概覽》，香港：未來文化，2004 年。

周增祥編譯，《自由鬥士瓦文薩——一九八三年諾貝爾和平獎得主》，臺北：光啟社，1985 年。

威爾杜蘭 (Will Durant) 編，《世界文明史（十二）黑暗時代及十字軍東征》，臺北：幼獅文化，1980 年。

洪美蘭，《經濟激進轉型策略——中東歐之經驗與啟示》，臺北：翰蘆圖書，2002 年。

洪茂雄主編，《21 世紀國際政治形勢解析》，臺北：水牛出版社，2006 年。

洪茂雄，《東歐變貌》，臺北：時報文化，1991 年。

馮作民，《西洋全史（五）中古歐洲（上)》，臺北：燕京文化，1979 年。

馮作民，《西洋全史（十）產業革命》，臺北：燕京文化，1979年。

黃鴻釗，《東歐簡史》，臺北：書林，1996年。

經濟部經濟促進司，《波蘭您的經貿伙伴2001》，臺北：經濟部經濟促
　進司，2001年。

劉明漢，《世界通史：中世紀卷》，北京：人民出版社，1986年。

蔡源林，《波蘭》，臺北：遠流出版社，1991年。

鍾禮文譯，《東歐》，臺北：時代公司，1998年。

外文部分

Banaszak, Dariusz etc., *History of Poland*, Poznan: Podsiedlik-Raniowski
& co. Let, 1995.

Berndt, Güunter and Reinhard Strecker, *Polenein Schauermärchen Oder
Gehirnwäsche für Generationen*, Hamburg: Rowohlt Taschenbuch
Verlag GmbH, 1971.

Bethell, Nicholas, *Die Polnische Spielart: Gomulka Und Die Folgen*, Paul
Zsolnay, 1971.

Bjork, *Poland and the IMF*, NYT, 1992.

Corsi, Edward C., *Poland: Land of the White Eagle*, New York:
Wyndham Press, 1933.

Dedecius, Karl, *Polnische Pointen*, München: Dtv GmbH, 1968.

Heymann, Frederick G., *Poland & Czechoslovakia*, New Jersey: Prentice-
Hall, 1966.

Jernsson, Feo, *Das dritte Europa*, Günter Olzog Verlag München, 1969.

Jernsson, Feo, *POLEN Gesellschaft, Wirtschaft und Staat im Wandel*,
Günter Olzog Verlag München, 1971.

Johann-Gottfried-Herder-Institut (Hrsg.), *Polen*, München: Carl Hanser Verlag, 1976.

Kaminski, Bartlomiej, *Emerging Patterns of Foreign Trade*, in The Transition to Democracy in Poland, New York: M. E. Sharpe, Inc., 1996.

Kolankiewicz, George and Paul G. Lewis, *Poland Politics, Economics and Society*, London: Pinter Publishers Limited, 1988.

Kray, Hans, *Wojciech Jaruzelski Mein Leben Für Polen*, Germany: München Zürich, 1993.

Miłosz, Czesław, *Geschichte der Polnischen Literatur*, Koln: Verlag Wissenschaft und Politik, 1981.

Morrison, James F., *The Polish People's Republic*, Baltimore: The Johns Hoprius Press, 1968.

Reddaway, W. F., J. H. Penson, and O. Halecki, *The Cambridge History of Poland to 1696*, New York: Octagon Books, 1971.

Roos, Hans, *Geschichte der Polnischen Nation 1916–1960*, Stuttgart: W. Kohlhammer GmbH, 1964.

Slay, Ben, *The Dilemmas of Economic Liberalism in Poland*, Europe-Asia Studies, vol. 45, no. 2, 1993.

Stadtmüller, Georg, *Geschichte Südosteuropas*, R. Oldenbourg München, 1976.

World Economy Research Institute, *Warsaw, Poland International Economic Report 1991/92*, World Economy Research Institute, 1992.

Zbinden, Hans, *Polen Einst Und Jetzt*, Switzerland: Verlag Huber & Co. AG, 1969.

圖片出處

9、10、12、16、18、21、22、24、25：Wikipedia

2、4、8、11、13、14、20、23、26、29、30、34：Shutterstock

1、17：編輯部繪製

3：Istockphoto

28、32、37、40：AFP

31：Alamy

33、38：Reuters

35、36、39：Corbis

土耳其史——歐亞十字路口上的國家

在伊斯蘭色彩的揮灑下，土耳其總有一種東方式的神秘感；強盛的國力創造出充滿活力的燦爛文明，特殊的位置則為她帶來多舛的境遇。且看她如何在內憂外患下，蛻變新生，迎向新時代的來臨。

匈牙利史——一個來自於亞洲的民族

匈牙利，這個坐落在中歐的內陸國家，風景秀麗宜人，文化資產豐富，首都布達佩斯更被美譽為「多瑙河畔的珍珠」，散發出絢爛奪目的光芒。想更深入了解這個令人神迷的國度嗎？《匈牙利史》說給你聽！

約旦史——一脈相承的王國

位處於非、亞交通要道上的約旦，先後經歷多個政權更替，近代更成為以色列及阿拉伯地區衝突的前沿地帶。本書將介紹約旦地區的滄桑巨變，並一窺二十世紀初建立的約旦王國，如何在四代國王的帶領下，在混亂的中東情勢中求生存的傳奇經歷。

奧地利史——藍色多瑙國度的興衰與重生

奧地利有著令世人屏息的絕美風光，音樂、藝術上更有登峰造極的傲人成就。這個位處「歐洲心臟」的國家，與德意志世界有著千絲萬縷的糾葛，其波瀾壯闊的歷史發展，造就了奧地利的璀璨與滄桑。讓我們嘗一口香甜濃郁的巧克力，聽一曲氣勢磅礡的交響樂，在阿爾卑斯山環繞的絕色美景中，神遊奧地利的古往今來。

德國史——中歐強權的起伏

自統一建國,至主導歐洲外交,甚而挑起世界大戰,在近現代的歐洲舞臺,德國絕對是凝聚焦點的主角,在一次次的蟄伏和崛起中,顯現超凡的毅力與韌性。

南斯拉夫史——巴爾幹國家的合與分

眾所皆知巴爾幹半島素有「歐洲火藥庫」之稱,可是您知道該地宗教、民族、政治之間錯綜複雜的關係嗎?此書將帶您了解巴爾幹國家分分合合的原因與過程。

國家圖書館出版品預行編目資料

波蘭史：譜寫悲壯樂章的民族／洪茂雄著.－－二版
一刷.－－臺北市：三民，2020
　　面；　公分.－－(國別史叢書)

ISBN 978-957-14-6812-9 (平裝)
1.波蘭史

744.41　　　　　　　　　　　　　　109005191

國別史

波蘭史——譜寫悲壯樂章的民族

作　者	洪茂雄
發 行 人	劉振強
出 版 者	三民書局股份有限公司
地　址	臺北市復興北路 386 號 (復北門市)
	臺北市重慶南路一段 61 號 (重南門市)
電　話	(02)25006600
網　址	三民網路書店 https://www.sanmin.com.tw
出版日期	初版一刷 2010 年 1 月
	二版一刷 2020 年 5 月
書籍編號	S740620
I S B N	978-957-14-6812-9

三民書局